名师名校名校长

凝聚名师共识
回应名师关怀
打造名师品牌
培育名师群体

　　　　　　顾明远

新课程标准视域下 初中语文定量作业的 设计与实践

储强胜　郭晓东　编著

中国出版集团　现代出版社

图书在版编目（CIP）数据

新课程标准视域下初中语文定量作业的设计与实践 /
储强胜，郭晓东编著. — 北京：现代出版社，2023.6

ISBN 978-7-5231-0352-4

Ⅰ.①新… Ⅱ.①储… ②郭…Ⅲ.①中学语文课—
学生作业—教学设计—初中 Ⅳ.①G633.302

中国国家版本馆CIP数据核字（2023）第100643号

新课程标准视域下初中语文定量作业的设计与实践

作　　者　储强胜　郭晓东

责任编辑　张红红

出版发行　现代出版社

地　　址　北京市安定门外安华里504号

邮政编码　100011

电　　话　010-64267325　64245264

网　　址　www.1980xd.com

印　　制　北京政采印刷服务有限公司

开　　本　710mm×1000mm　1/16

印　　张　10.25

字　　数　164千字

版　　次　2023年6月第1版　　2023年6月第1次印刷

书　　号　ISBN 978-7-5231-0352-4

定　　价　58.00元

目录

上篇　理论梳理与经验总结

中篇　定量作业的设计与实践

下篇　研究的推广与反思

上 篇

理论梳理与经验总结

第一章 由"作业"到"定量作业"

第一节 "作业"概说

一、文字学中的"作业"

"作",会意字,甲骨文和金文原本为"乍"。下面从刀,上面从卜。《仪礼》有"卜人坐作龟"之语,描述的正是此字的内容:一个占卜的人,用刀刮削钻刻龟甲,然后灼烧,视其裂兆进行占卜。本义为制作卜龟。制作卜龟是占卜的开始,故这一字形含有起始、制作、刮削、灼裂等多种意思。由于"乍"历来为引申义所专用,篆文便另加义符"亻",写为"作"来表示。从"作"字的部件分析,其含义就是人们在进行"占卜活动",在制作烧灼龟甲。

"业",我们看古文"业",会意字。字的部件描绘出两个人口里含着"錾凿"一类的工具,带着弓箭在林中埋伏准备狩猎的样子。因此,"作业"两个字,描绘的是古代人占卜或狩猎的活动。这是一项目的明确的活动。

乍

作

业

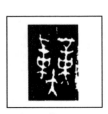
业

二、《学记》中的"作业"

翻开中国历代教育名著，我们可以最早从《管子·轻重丁》中找到"作业"的表述。"行令半岁，万民闻之，舍其作业而为囷京以藏菽粟五谷者过半"。这里的"作业"就是"劳作"，就是体力劳动的意思。而真正接近教育中"作业"的意思，我们要看世界历史上最早论述教育的一篇经典文献《学记》。

"大学之教也，时教必有正业，退息必有居学。……故君子之于学也，藏焉修焉，息焉游焉。夫然，故安其学而亲其师，乐其友而信其道。"

这里的"正业"就是大学中规定的正课，"居学"就是在家完成的课业，孙希旦说"谓私居之所学也"（《礼记集解》），就是我们教育中所讲的"作业"这个概念了。君子求学，"藏焉"就是"入学授业"，"修焉"即"修正业也"，"息焉"即"退而私居也"，"游焉"即"游心于居学也"。藏焉必有所修，息焉必有所游，君子无论课上还是课后都在用心学习，这是古代学者的榜样。其实，这里已经充分显示出"作业"作为教学一个重要环节的不可忽略的意义。完成作业对课业学习具有十分重要的补充、巩固、拓展和实践体验的重要作用。作业是以学生为主体的自学活动。

三、现代语文教育中的"作业"

《教育大辞典》将"作业"分为课堂作业和课外作业。其中"课外作业"就是根据教师的要求，学生在课外时间独立进行的学习活动。布置及检查课外作业是教学组织形式之一。一般认为，作业是课堂教学的延伸，有助于巩固和完善学生在课内学到的知识、技能，并培养学生的独立学习能力和良好的学习习惯。

本书中所提到的作业就是指"课外作业"，即学生在课后开展的自学学习活动。

上篇 理论梳理与经验总结

第二节　定量作业

一、"定量作业"的提出

最早采用"定量作业"这一概念的是魏书生老师，在他的著作《教学工作漫谈》中的"第二辑：最好的学习是自学"，其中第七篇"作业——学生自己留"，他给"定量作业"下了一个明确的定义："字数确定，内容不限的常规性作业。"

在不断的教学实践中，笔者发现"定量作业"特别能激发学生完成作业的主动性和创造性。在定量的框架下，学生自选作业并设计作业的形式，他们的热情被充分调动起来。

笔者认为，"定量作业"是在"作业"概念的基础上提出的，它加上了"定量"的限定，即"主题单一，目标明确，内容适量，时间限定，指导清晰，学生自主，评价合理"的课后作业。

二、双减背景下的"定量作业"

"作业"问题已经成为我国现阶段中小学教育的"热点问题"。从2019年起，党中央国务院就正式发文，细致规划中小学的作业问题，对中小学的作业要求提出了十分明确的要求。

2018年12月，教育部等九部门印发了《中小学生减负措施》，其中有两条涉及中小学生的作业布置："……4.严控书面作业总量。小学一二年级不布置书面家庭作业，三至六年级家庭作业不超过60分钟，初中家庭作业不超过90分钟，高中也要合理安排作业时间。5.科学合理布置作业。作业难度水平不得超过课标要求，教师不得布置重复性和惩罚性作业，不得给家长布置作业或让家长代为评改作业。"这是教育部应现实的需要对学校办学行为做出的调整，并给出了十分明确具体的指导意见。

可见，小小的"作业"已经成为国家教育改革发展亟待解决的问题之一。

布置作业本来就是教师教学共识和常识，但至今没有一个基本的规范，大家的操作方法"百花齐放、百家争鸣"。语文作业随意化，作业批改随意化，作业效果良莠不齐。语文教师在布置作业上依然遵从本能，亦步亦趋。不同的教师，不同的标准，不同的学校，不同的风气。对教学重要环节来说必不可少的作业，我们亟须梳理出一些规矩和一些共识，以提高语文作业的质量。新时代，我们应该科学布置作业，科学讲评作业，让语文教学更加符合规律、尊重常识。在"双减"的背景下研究"定量作业"十分有必要。

第二章　怎样有效布置定量作业

第一节　定量作业的准备

教师在语文作业设计和布置上除了作为设计者、布置者、启发者、引领者，还应该成为示范者。语文作业完成的质量如何同教师有密不可分的关系。有人把一次语文作业活动比作拍一部电影，那么教师就是背后的制片人、策划和导演，在电影的拍摄过程中起到组织、策划和引导的作用。也有人把一次语文作业比作一次远航，那么教师就是船长，在航路上引领方向，成为船员的指挥者和"定心盘"。那么在作业训练的整个过程中，教师要有哪些思想上的准备呢？

一、执行理念，严格用心

我们常说"严师出高徒，厉将出雄兵"。严师是教学顺利开展的保障。无论是语文教学还是作为教学环节之一的作业，都需要一个"严师"，监督看顾每一个环节的落实。严师要严在三个方面：

（一）严明要求，一丝不苟

严明要求、一丝不苟地布置好每一次作业。在每一次语文作业的设计、布置、评改、讲评的每一个环节都要定规矩、明要求。而教师就是"规矩"得以执行的保障。这种严格是教师首先对语文作业的要求清晰。教师要明晰作业本的规格、作业的基本格式、书写的基本要求、作业上交的时间、上交时的要求（比如作业本翻开，小组一叠）、评改的主要方法、作业讲评的目标。教师认真对待，看顾每一个环节顺利完成。《礼记·学记》中有句话讲得特别好："君子之教喻也，道而弗牵，强而弗抑，开而弗达。"意思是说优秀的教师是善于通过诱导进行教育的。引导学生学，不要牵着学生走；对学生严格要求，但不要压抑学生的个性；要启发开导学生的思路，不要代替学生下结论。在教育过程中，教师是学习活动顺利完成的保障、后勤、策划和重要学习资源。教师对学生严格要求的目的在于使学生养成良好的学习习惯，这种严格绝不是压抑学生个性，而是通过严格要求来让学生在学习中形成好习惯，使学习容易接受，因为学习已经成为学生生活的一部分。

（二）严持常规，持之以恒

语文教师要将作业的要求变成常规，设定标准，严格坚守，将学生一个学期的作业如何去做、有什么要求定下来。中国传统语文教育的精髓就是培养学生读书、练笔的学习习惯。在中国近现代的语文教育史中，许多前辈专家都继承了中国古代的教学传统，将读书、笔记、习字、练笔等作为常规作业布置给学生，严格要求，激励后学，培养习惯。例如，1925年孟宪承发表于《教育杂志》的论文《初中作文教学法之研究》记载了他要求学生每天都要练的报告、笔记、书信等日常所用所需的作业；又如，教育家萧楚女，他是中共早期青年运动领导人之一，他在1923年《中等教育》第2卷第5期上发表的论文《中学国文修学指导》中为学生制定了的"作业须知"，具体规定了读书录的具体写法，以读书录六事规范学生的读书活动，使学生养成读写习惯。

到了中国当代，更多的教育专家在执行常规作业。例如上海市特级教师沈蘅仲先生的练笔、词语手册和古文抄读常规作业，实践中受到师生的一致肯定，成为交大附中语文教学传统（在他的专著《语文教学散论》中有详细记载）；又如，著名特级教师魏书生在《培养学生的自学能力》一文中（写于1981年，于1985年在《语文教学研究》发表）记录了他的三种常规作业形式：知识树、自我认识研究作业、自我安排自学作业等。这些都是通过教师的严格执行，培养学生的语文自读自学的良好习惯的成功案例。

（三）严谨科学，教练意识

严师还体现在著名特级教师陆继椿所说的崇尚严谨科学的"教练意识"。

他有一个非常形象的比喻，即"教师在教学过程中恰如一个以科学的态度和方法训练运动员的教练，如果说教练需要对某项运动的现状、对训练的器材条件、对人体解剖学中肌肉和神经的反应、对运动员的素质和心理特点全面掌握，才能设计训练的内容和步骤，计算运动量的分配，制订出可具体实施的训练方案。那么，教师在进行每一个训练点的教学时，也需要全面掌握教材和学生的情况，才能备好课，制定出切实可行的教案"。

二、言传身教，现身说法

吕型伟是我国著名的教育家，1961年他在《上海教育》发表的《切切实实提高中学语文教学的质量》一文中这样说："加强基本训练，第一，要思想重视，敢于抓。第二，要明确基本训练的内容和要求，严格执行，一丝不苟。第三，要持之以恒。第四，教师自己要在语言和板书、批改等教学活动中起示范作用，做学生的表率。"这段话，一方面，强调了作业训练过程中"严师"的重要性；另一方面，点出教师在严格要求的同时要起示范表率作用。下面从三个方面阐述教师如何在作业训练活动中"言传身教"。

（一）言而先行

教师在给学生布置作业之前要自己提前进行试做。试做的目的是了解作业设计的具体情况以及学生在做作业的过程中可能会遇到的疑难状况。其实，这就是对作业内容进行第二次筛选。第一次是初步阅读筛选。

作业试做需要从学生的角度出发进行，不看答案，不看参考资料，不借助任何其他辅助手段。当然，作业中有具体要求需要查阅资料的除外。教师自主完成作业，完全模拟学生做作业的过程有以下作用：其一，可以预估或记录完成作业的时间，为作业布置做准备。其二，可以发现作业题面中是否存在问题，为作业的高质量完成做准备。其三，可以预估学生在做作业时可能出现的问题，方便教师的作业指导。

如果教师省去试做，直接布置，当评改作业才发现问题时，就悔之晚矣。言之先行，是教师责任心的体现，很多教师因为工作忙，在练习册或资料上初步筛选一部分题目就让学生去做，因为没有严格把关，就会出现一些不必要的问题，影响作业完成质量。

（二）行而后悟

在作业试做时，教师可以从以下三个方面考察作业题面是否合适。

（1）作业思想内容是否适合。于漪先生说，语文既要学文，又要育人。2022版的语文课程标准将"立德树人"作为根本任务，我们必须明确教育要"培养什么人，怎样培养人，为谁培养人"这个根本问题。同时，我们的语文作业也必须把好思想关。

（2）作业的内容是否与课内所学相关。作业的内容为何要与课内所学相关呢？我们可以参考有关学习的基本原理。

美国心理学家、教育心理学体系的奠基人爱德华·桑代克提出三大学习定律：准备律、练习律、效果律。练习律包括应用率和失用律。应用律（the law of use），即当一个人在某情境"S"与某反应"R"之间建立了一种可变的联结后，经常应用这个联结，在其他条件都相同的情况下，原本的反应就会使该联结的强度得到增强。所谓联结的强度，是指这个情境"S"重复出现时，唤起这个联结概率的大小。概率越大，在相同时间内形成该联结的可能性就越大；或者在相同的概率条件下，该联结保持的时间就越长。失用律（the law of disuse），即当一个人在某情境"S"与某反应"R"之间建立了一种可变的联结后，如果在"T"段时间内一直没有使用，在其他条件都相同的情况下，原本的反应就会使该联结的强度减弱。桑代克还列举了一个实例来解释应用律。

如果"问'6+7是多少'"与"回答'等于13'"的联结增强了，那就意味着在以后的6天时间里，如果需要对这个问题做出10次回答的话，回答"等于13"的反应概率就会由原来的7/10增加为8/10；或者意味着将7/10的反应概率由原来的保持40天增加到保持60天。

练习律的原理告诉我们，在其他条件都相同的情况下，学习的内容要想得到巩固（用桑代克的术语就是"联结加强"），首先应经常应用这个联结。换句话说，就是要反复练习与课内所学内容相关的内容。这一原理要求我们在选择作业内容时应注重学生实践演习课上所学。练习律就是重复率，重复可以加强学习的效果和记忆保持的时间。

（3）作业题面的限制条件、问题等部分是否恰当。作业题面的文字表述一定要简练、清晰、准确，千万不可出现语言歧义和低级错误，每一个作业题都是教师给学生的语言表述示范，教师一定要利用好每次作业，给学生正面的引导。

（三）言行合一

每次作业教师都要给学生最好的示范。美国心理学家R.J.斯滕伯格说："你想让你的雇员、学生或孩子发展创造性智力的唯一最有效办法，就是将自己塑造成一个具有创造力的角色榜样。只有当你展示给他们而不是告诉他们该如何做时，他们才会发展并提高其创造性智力。"他提出"成功智力"理论，认为要培养学生的创造性智力除了要给学生提供有利于创造的环境，鼓励创造性思想和行为，还要给学生树立榜样。语文教师要成为学生的榜样，也就是要成为有成功智力的人，不但成为学生成长路上的路标，更要成为指引学生成长方向的灯塔。

我们可以利用学生中比较优秀的案例进行指导，但最震撼学生内心的是教师的示范。我们不要求每次教师都能给出亲身示范，但是当学生做得不好时，教师如果拿出自己"手写"的示范作业对学生来说会起到非常好的引领作用。列夫·托尔斯泰说："全部的教育，或者说千分之九百九十九的教育都归结到榜样上。"李希贵校长说："孩子不会长成你希望的样子，他会长成你的样子。"这些话语既是说给父母听的，也是说给教师听的。

三、源头活水，取法乎上

（一）文献的梳理

我们研究语文作业的思想和设计策略要从源头入手，首先要总结历史经验。前人都做过什么，留过什么样的作业？效果如何？为什么这样留作业？理论依据是什么？这样的做法有什么影响？这样我们就要翻开语文教育史，去梳理文献，去阅读中国历史上产生影响力的代表当时当地研究水平的论文，将前人有关作业研究的部分的历史脉络梳理清晰。

作为普通语文教师，如果我们没有大学和省级图书馆的资源，可以关注非常有价值的四部丛书：其一，是李杏保、方有林、徐林祥主编的《国文国语教育论典》（上、下）。其二，是顾黄初、李杏保主编的《二十世纪后期中国语文教育论集》。其三，是饶杰腾编著的《民国国文教学研究文丛》（经典赏析、国文教学重要问题之论争、国文教学总论、阅读教学研究、写作教学研究）。其四，是李林海、王荣生主编的《语文教育研究大系（1978—2005）》（理论卷、中学教学卷）。

这四部书基本上将中国近现代、中国当代最重要的教育经典文献都集中在一起，普通语文教师通过这些文献，基本上可以把握从近代到2005年语文教学研究史上主要的观点。另外，我们可以阅读电子期刊，如知网、万维、维普等期刊，搜索引擎中有着丰富的资源。

（二）名师的引领

语文名师是语文教学的领军人物，是我们普通语文教师的航标。语文名师之所以成为名师有各种各样的原因。但他们都有共同的一点：就是被当时的语文教育学界所公认，在语文教学上具有号召力和影响力，为语文教学研究贡献了自己的角度和方法。

中国语文教育史上明星闪耀。被称为语文界"三老"的叶圣陶、吕叔湘、张志公；无锡师专校长唐文治先生；教育家、语言学家孙俍工先生；"话法"教学创始人黎锦熙先生；现代散文家、语文教育家朱自清先生；等等。他们的论著扎实实用，很多做法现在依然有启示意义。到了中国当代，又产生了刘国正的"实与活"，沈蘅仲的"练笔"，陆继椿的"得得派"理论，魏书生的"自学"理论和实践，钱梦龙的"三主""四式"语文导读法，于漪的"要教文也要育人"的思想，章熊的"语言和思维的训练"，洪镇涛的语文本体论教学，等等。

当然，活跃在我们身边的语文名师更加让我们感到亲切，我们每天都可以从他们的新书和公众号上阅读他们的思想和做法。例如，研究本色语文和生成教学的黄厚江，研究主问题、板块教学、诗意手法的余映潮，研究生命语文创新教学的王君，研究诗意语文的王崧舟，研究语文教学内容的王荣生，研究语文教学方法的刘永康，研究语文语感教学的王尚文，等等。我们向名师学习讨教可以"取法乎上"，可以看到"考试分数"以外语文更重要的意义和价值，可以让我们思想更清晰、目光更深远、胸怀更宽广。

（三）理论的启发

理论是思想规律的结晶，是阶段性的真理性的认识。理论是大量的实践经验的提升和总结。教学语文不能只是埋头苦干，故步自封，我们要开眼看世界，要注意吸取一切有利于教育教学实践的理论成果，以提升语文教育教学质量。

几千年来，我们积累了丰富的语文教学理论资源。中国古代的《尚书》《诗经》《管子》《左传》《论语》《墨子》《孟子》《荀子》《礼记》《吕氏春秋》等经典中记录了大量古人关于语文教育的理论。其中触类旁通、教学相长、举一反三、赏罚分明、授人以渔、循序渐进、循循善诱、言传身教、因材施教、因势利导、长善救失、知行合一等思想已经深入人心，成为我们日常教学的基本原理。

一百多年来，我们从五四新文化运动开始，广泛吸收世界上一切有利于中国发展的理论和思想服务社会。马克思主义思想成为中国共产党的指导思想。在党的带领下，中国人民找到了自己发展的道路，消除贫困，走向富强。与此同时，许多理论也被引进来，系统论、信息论、控制论、协同论、发现法、人本主义、建构主义、后现代主义、格式塔理论、模糊理论、多元智能理论、成功智力、接受美学、符号美学、合作学习等成为我们吸收西方先进教育教学经验的窗口。

第二节　定量作业的设计过程

一、确定目标

（一）作业目标

我们熟知语文课程目标，《新编语文教育术语手册》对语文课程目标这样表述："即语文课程的学习方向、发展标准和实现程度。"语文课程目标具有系统性和层次性，《义务教育语文课程标准（2022年版）》中规定了各学段各学年各专题的具体目标。语文统编教材的单元说明、课前阅读提示和课后思考题则提示了各单元、各篇课文以及各个课时的具体目标。

那么，作业目标与语文课程目标是什么关系呢？语文课程目标是语文课程的总目标，而作业目标与单元目标、课时目标一样都是语文课程的子目标。作业，主要指课外作业，即根据教师要求，学生在课外时间进行的学习活动。作业目标就是学生在课外时间进行学习活动的学习方向、发展标准和实现程度。

（二）为何要确定作业目标

首先，根据系统论的原理，语文教学是一个系统，是一个在课程目标指引下的动态系统。对任何一个系统而言，无目标则无导向，必将导致系统秩序的混乱，效率低下，甚至走向系统的解体，所以，语文教学系统必须有目标，而且根据整体性原则，其目标必须与人的生命整体性相符合。借助目标可以克服教学的盲目性、随意性，可以促使教学活动的秩序化、高效化。（刘永康，《西方方法论与现代中国语文教育改革》）

其次，根据控制论的原理，语文教学是一个控制的过程，其符合定向、定序、定量控制原理。

所谓定向控制，就是要控制决定方向的原点、基线和角度。方向决定成败，方向不对往往达不到预期的目的，方向不对，用力越多，用功越勤，离目标越远。控制首先是方向的控制，而目标就是作业的方向，只有把控好作业的方向，才不会走错路、走弯路，才能顺利完成任务。（刘永康，《西方方法论与现代中国语文教育改革》）

所谓定序控制，就是先做什么后做什么，体现一个人的行事理念和办事效率。事物按照一定的顺序运动则构成结构，不同运动顺序构成不同的结构。我们知道目标包括过程性目标和终极目标，每一个过程性目标都是最后实现终极目标的路标。每一节课都先一步一步完成过程性目标，最后实现课时目标。复杂的作业也是一样的，先分步实现过程性目标，再实现作业目标。

所谓定量控制就是作业量不是多多益善，对量的适当控制，可以保证质的飞跃。我们常常讲教学内容要集中，就是单位时间内对教学内容要有效控制。上海语文特级教师陆继椿提出了"一练一得，一课一得，一题一得"。我们写作业也要将目标集中到一点，不要贪多，要让学生通过一道作业题练会一个能力点，给学生留下深刻的印象，进而做到举一反三、触类旁通。

由此看来，确立目标就是把控好作业的方向，确立作业的航标；确立目标就是找到学习路径上的一个个路标，顺着路标最后抵达目的地；确立目标还是把控作业量，"一练一得，一课一得，一题一得"，减轻负担，激发兴趣，集中突破重点难点。

（三）如何制定作业目标

朱绍禹编著的《语文教育辞典》的第二部分"语文科的目标"列出了关于制定教学目标的三个主要原则，即系统化原则，具体化、行为化原则，动态化原则。

第一，我们制定作业目标首先要遵循系统化原则。《义务教育语文课程标准（2022年版）》中规定了各学段各学年各专题中的具体目标，语文统编教材的单元说明、课前阅读提示和课后思考题则提示了各单元、各篇课文以及各个课时的具体目标。作为普通教师，我们要在课程标准的指导下，分析学情，研读教材，依据教材提示，制定出单元目标和课时目标，在课堂教学目标的基础上根据学生的完成情况，将学生需要重点训练的，课堂上遗漏的训练点和疑难点梳理出来，制定出单元作业目标系统。这样，每篇课文、每次作文、每个梳理与探究专题、每个补白短文的作业目标形成一个有机统一体，系统性地、有层次地实现单元教学目标，进一步完成语文课程学段总目标。

第二，我们制定作业目标要遵循具体化、行为化原则。语文作业目标要尽可能具体化、细节化、行为化。学生可以熟练地朗读哪一篇文章、可以准确地写出多少个词语、可以运用哪些词语造句、可以背诵文中的哪一段、可以运用文中学会的什么方法写一段多少字的文字等，尽量要具体化地写出来，语言描述要准确，少用模糊性词语。我们制定的作业目标在作业讲评时还要用来作为评价的依据，所以具体化的描述为我们评价作业提供了有力保障。一旦语文作业目标模糊化，在作业指导、评改、打分时就难以执行。到底要做到什么程度才是实现了目标，这一点绝不能模糊化。

第三，我们制定作业目标要遵循动态化原则。系统论的基本原则主要有四个：整体性原则、结构性原则、动态性原则、相关性原则。我们制定单元作业目标时，就是遵照整体性、结构性和相关性原则，使单元作业目标成为一个有机统一的整体。另一个层面，这个单元作业系统不是静止不变的，它一直都是变化的、动态的。同样，根据系统论的基本原则，语文作业目标的制定也不是静态的。如果学情发生变化，学生本已经掌握很好的内容，教师依然反复训练，只是浪费时间。作业目标的完善在于教学过程中教师根据自己的经验、个性特长，根据学生的实际水平以及评估得出的可能存在的问题，对作业目标做必要的补充、调整。学情发生变化，作业目标的修改和补充就要与之相对应。

二、选编内容

（一）落实教本习题

设计语文作业首先要落实教本习题。教本即教科书，又称"课本"，是依据课程标准编写的师生教学用书，它提供了教与学的文字载体。它是师生教学的主要材料、考核教学成绩的主要依据和学生拓展学习的重要基础。教科书上的习题系统，体现了教科书编者的意志，往往是学生必须掌握的重要内容。学生首先要将"书后题"的编者命意落实到位，掌握其思维方法，举一反三，再根据学情进行补充训练。

现阶段，由于辅导资料泛滥，许多学生用消极态度应对课后题的训练，更有甚者会抄袭辅导资料上的答案，懒于思考。教师面对这种情况，一方面要向学生讲清楚书后习题的重要性，提升学生对教本重要性的认识；另一方面可以适当改编书后习题，保留其基本内容，适当修改完成的路径或结果。

总之，要用好教本，教好教本，将课程标准的核心命意吃透，合理改编书后题，达成每一课、每一单元、每一学段的作业目标，最终完成好党和国家赋予人民教师的育人任务。

（二）选编原创练习

我们设计语文作业需要有选择和创编能力。关于"创编"，我们在后面单独列章分析，这里重点来谈选题能力。选题就要选出"典型例题"作为作业。

所谓典型，《现代汉语词典》的解释如下：①作为名词，即具有代表性的人物或事件。②作为形容词，即具有代表性的。这里典型是形容词。就是具有代表性。我们在选题时，首先将辅导资料中不符合或关系不大的部分进行简化，与训练点相关的部分可以进行扩展。例如阅读理解，有代表性的17个训练点：①结合上下文理解词语含义。②赏析词语的表达效果。③结合上下文理解句子的含义，赏析句子的表达效果和作用。④结合全文理解段落的顺序，赏析段落的作用。⑤如何拟定标题，理解标题的含义，赏析标题的作用。⑥赏析文章的语言特色。⑦赏析环境描写的作用。⑧结合全文进行人物形象的分析，赏析人物形象的作用。⑨结合上下文分析人物的心理和情感。⑩结合全文从精神品质、情感心理、人生哲理、社会现实、人生启示等角度分析文章主旨。⑪结合主旨和语言特色对文章进行分类。⑫文章的选材特点和结构特点（倒叙和插叙的作用）。⑬人称的作用。⑭提取信息，概括要点。⑮结合上下文理解和分析文本信息。⑯说明方法或议论方法的主要作用（是什么，为什么）。⑰论述思路的分析。

《义务教育语文课程标准（2022年版）》新增加了"学业质量"部分，对选出典型练习有非常重要的指导作用，我们要认真学习，深入研究。

（三）借鉴经典做法

学史可以看成败、鉴得失、知兴替。我们设计作业一定要向近现代中国语文发展史学习，吸取历史经验，反思历史得失，认识语文教学，特别是语文作业研究的现状。近现代中国语文发展史中，前人在语文作业上给我们留下了许多宝贵的财富，我们可以向他们学习，充分反思，不断开拓。

三、制定评价标准

（一）多元智能作业量表

加德纳的多元智能理论告诉我们，教育的起点不在于一个人原先有多么聪明，而在于怎样使他变得聪明或更聪明。在多元智能的视域中，没有"笨"学生，只有各具特色、各有所长的学生。评价的目的不在于甄别，而在于发展——通过评价促进学生的发展。在教育的过程中，评价也是有价值的，它并不只是一个考查学生学了多少、学得多好的事后程序。依据加德纳的多元智能原理，我们可以对学生"养成习惯的常规积累作业"进行"真实性评价"，制作多元智能作业评价量表，以突出强调评价的发展功能。

你的表现	不及格（1分）	及格（2分）	良好（3分）	优秀（4分）
1. 词汇丰富，语句流畅，表意清楚完整，表达能力很强				
2. 喜欢思考，善于提问，逻辑思维能力强、推理能力强				
3. 喜欢用图表来解释说明，有很强的空间绘图表现能力				
4. 善于理解角色、表演，有超强的戏剧即兴创作能力				
5. 有带头协调组织能力，通过沟通交流，合作研讨，共同提高				
6. 学习有自主性，可以自定目标，具有调整、反思能力				
7. 热爱大自然，喜欢探究自然奥秘，热心地球环保和太空事业				
8. 喜欢欣赏音乐，能用有韵律的语言表达，节奏感很强				

运用量表可以自评、他评，也可以师评。每当学期初，教师将量表印发给学生，共同学习，让学生了解作业的评价标准。量表也给学生在作业上很多的启示，让学生发觉自己的特色和能力，让自己的作业鲜活起来。

（二）SOLO分类评价量表

SOLO，是英文"Structure of the Observed Learning Outcome"的缩写，意为可观察的学习结果的结构。SOLO分类评价理论是中国香港大学教育心理学教授比格斯（J.B.Biggs）首创的一种学生学业评价方法，是一种以等级描述为特征的质性评价方法。

根据SOLO的基本原理，一个人回答某个问题时所表现出来的思维结构，与这个人总体的认知结构是没有直接关联的。一个人的总体认知结构是一个纯理论性的概念，是不可检测的，比格斯称之为"设定的认知结构（Hypothetical Cognitive Structure，英文的缩写为HCS）"。但一个人回答某个问题时所表现出来的思维结构是可以检测的，比格斯称之为"可观察的学习成果结构"。因此，我们很难根据皮亚杰的分类法给学生贴标签，认定他处于哪一个发展阶段，但我们却可以判断学生在回答某一具体问题时的思维结构处于哪一层次。这种分析学生解决一个问题时所达到的思维高度的评价方法就称为SOLO分类评价法。

根据SOLO分类评价法，比格斯把学生对某个问题的学习结果由低到高划分为五个层次：前结构、单点结构、多点结构、关联结构和抽象拓展结构，具体含义如下：

（1）前结构。没有回答，几乎完全不理解作者在说什么，无关的回答中无任何有用信息点。过渡性回答：努力理解某一个信息点。

（2）单点结构。一个相关的结构特征，如评论文本，指出作者的具体观点，刻板地逐字复述原文，包括不解释所引用的篇章或语句（最后的回答类型利用了单维策略，因此也算是单点结构）。过渡性回答：两个对立却又无法调和的观点，直接引用但带有一点解释。

（3）多点结构。几个具体的观点支持一个较为随意的解释，一个或多个独立的观点以及对文本结构、释义的评论。文本的释义指对独立观点的基本解释。过渡性回答：一系列具体观点，努力建构解释性框架，但这个框架不完整或者自相矛盾。

（4）关联结构。使用一致的框架来解释文本大部分或全部意义，但这个框架局限于作者创设的情境和作者肯定的观点，毫无突破。过渡性回答：试图做出一个抽象的概括，但犹豫不决，不一致或者不完整。

（5）抽象扩展结构。认为作者以文本为媒介做出一个完整的陈述，允许对文本做出其他解释，诉诸抽象结构但不一定是文本中固有的。（参考《学习质量评价——SOLO分类理论》）

根据SOLO分类理论制作作业评价量表。

表现等级及得分	等级
1. 没有回答，不理解题意，无有用信息（0分）	D
2. 努力理解题意，但表述不正确（0.5分）	D
3. 抓住一个有用信息点回答，但无解释（1分）	C
4. 写出两个不同的信息点，或写出一个信息点后稍做解释（1.5分）	C
5. 能写出多个不同信息点，能简单解释题意，但回答逻辑混乱（2分）	B
6. 能写出多个不同信息点，能形成回答框架，但不完整（2.5分）	B
7. 能结合文本，完整符合逻辑地回答问题，但毫无突破理解（3分）	A
8. 能结合文本，完整符合逻辑地回答问题，尝试突破，但犹豫不决或不完整（3.5分）	A
9. 能结合文本，完整符合逻辑地回答问题，并提出自己独立的见解，有理有据（4分）	A+

这一量表主要用于师评，特别是提高能力的语言训练作业、结合生活的情境实践作业都可以采用SOLO分类理论作业评价量表进行评价。

第三节　定量作业的设计策略

回顾中国近现代和当代语文教育发展史，关于语文作业的研究主要有三大方向：第一，是对中国古代语文教育传统的继承和发展。第二，是"西学东渐"，即外来西方教育思想对语文教育的影响和冲击。第三，是中华人民共和国成立后党的教育方针对语文教学的引领。由此，可以将语文作业分为三个主要类别：其一，是继承中国古代传统的注重习惯养成的常规作业。其二，是受到"自动原则"影响的提高能力的语言训练作业。其三，是党的"三个面向"教育思想指引下的结合生活的实践作业。下面结合作业的三个主要类别谈一谈作业设计的基本策略。

一、养成习惯的常规积累作业

（一）理论依据

人本主义心理学的主要原理认为，促进人的"自我实现"是人本主义心理学最根本的目的。人本主义心理学始终将人的尊严和自由放在核心位置，认为生活的目的就是用自己的人生去实现自己所信仰的事情，无论是自我发展还是别的价值。我国古代传统教育也是将个体的自我实现看成教育的核心、出发点和最终归宿。由此可见，学生是学习的关键，学习的过程就是学习的目的所在。我们应该设计养成习惯的常规积累作业，让学生在自我学习过程中不断提高，开发潜能，完美人性，完善人格。

（二）设计策略

1. 构建真实的问题情境

我们设计"养成习惯的常规积累作业"首先要构建真实的问题情境，通过构建真实的问题情境让学生面对有意义的问题。湖南师大附中博才实验中学的刘艳老师在她的作文课《曲直互补，巧笔抒情》中设计了情境式的作业，我们来看看刘老师是怎样构建真实情境的。

任务："明信传情"，在节日给妈妈或长辈写一张明信片表达你的情感。

刘老师向学生讲明"练笔作业"的目的，即"明信传情"。这是告诉学生为什么要做这个作业。接下来要设计活动引起学生的兴趣。刘老师发布一个课后写作任务，即"写一张明信片"，因为要完成这个任务，就要想好写给谁、怎样写、为何这样写。通过这个情境活动，学生就明确了自己练笔的方向、计划和风格。

总结一下，构建真实情境需要明确目的、发布任务、设计激趣活动。人本主义心理学的基本原理以及中国古代传统儒家教育思想都认为，要贯彻"以学生为中心"的基本原则。我们构建真实情境实际上就是让学生自己决定学习内容和产生学习动机，这种自发的学习才是最持久的，也是最深入的。教师只是学生作业活动的催化剂和引导员，为学生打开语文学习世界的大门，后面的学习过程主要是学生自己亲身体验。

2. 给出多角度作业写法支架

教师提供大量的学习资源和各种学习方式，通过提供这些资源让学生自己掌握学习的方法。教育家、语言学家、文学家和翻译家孙俍工将自己的作业法称为"文艺的作业方法"，他的主题式读书笔记作业也是典型的"养成习惯的常规积累作业"，他也为学生提供大量的学习资源和各种学习方式。我们在读《西游记》时，常常要写读书笔记，我们就可以给学生提供多角度的作业写法支架：

阅读《西游记》前十三章，写一篇读书笔记。你可以选取以下角度：

（1）"悟空小传之大闹天宫"，请写清楚大闹天宫的原因、大闹天宫的过程以及结果。

（2）"悟空求法记"，请梳理悟空拜师学艺的起因、经过、结果。

（3）"大闹天宫之天神法力排行榜"，请以孙悟空的神通法力为参照点对比天神法力大小，列出五人以上的名单，并说明这样排序的原因，并写一写天庭是一个什么样的地方，你喜欢天庭吗？并说明理由。

可以看到，我们让学生写作业，不但可以提供读书笔记的角度，而且可以提供写好读书笔记的思路和方法。这样，就给学生写作读书笔记提供了自主选择的机会，让学生自主写出自己有独到理解的作业。

总结一下，在构建真实情境后，教师要给学生提供常规作业的一般结构、学法支持和内容要求（如字数、角度），即常规作业的写法支架的设计。给出的作业写法支架最好提供多种角度和项目选择，可以让学生选择自己擅长和感兴趣的角度和项目完成。

（三）作业设计反思及评价

作为"养成习惯的常规积累作业"，就其目的不在于甄别，而在于养成习惯，在于发展。所以根据加德纳的多元智能理论，我们既鼓励学生在作业中体现个体差异，倡导作业个性化完成，又要鼓励学生跨领域学习，与其他课程相结合。我们在每学期布置作业之前，就将多元智能作业评价量表发给学生学习，让学生了解自己怎样可以写好作业，好的作业标准是什么，教师为什么这样打分。

二、提高能力的语言训练作业

（一）理论依据

格式塔心理学于1912年由库尔特·科夫卡（Kurt Koffka）、M.韦特海默（M.Wertheimer）和W.克勒（W.Kohler）合作创立于德国。这种心理学在我国又被称为完形心理学。它起始于对视觉领域的研究，出发点就是"形"，所谓"形"，是一种具有高度组织水平的知觉整体。换言之，人们通过感官知觉所得到的都是一些整体的"形""式样"，也就是一种自主体的知觉活动组织成的整体。总之，格式塔心理学十分强调经验和行为的整体性，反对当时流行的构造主义元素学说和行为主义"刺激"——反应公式，认为整体不等于部分之和，意识不等于感觉元素的集合，行为不等于反射弧的循环。

格式塔心理学关于整体性、自觉性、心物同形、完形压强的理论对我们设计以提高能力为目的的语言训练作业有很大的启发意义。

（二）设计策略

1. 整体性之"点睛之笔"

根据格式塔心理学中整体性的基本原理，在阅读中强调感受的整体性，指的是把语言文字放在具体的语境中完整地感受其表达意蕴，而不是条分缕析做具体的理解和分析。那么，我们可以从作品的整体出发，注意抓住点睛之笔设计阅读作业。

何为点睛之笔？在艺术品的整体结构中常常有一个和作品整体（格式塔质）密切相关的重要部分，它被表现的状况直接关系着整体质表现是否充分。这个部分，往往被形象地表述为"点睛之笔"（刘永康，《西方方法论与现代中国语文教育改革》第169页）。例如，小说的人物刻画关键之处集中在人的眼睛上，再比如一首诗、一篇文章也都有点睛之笔。

例如，统编版教材八年级下册第1课《社戏》的课后"思考与探究"第三题就是一道很好的作业设计题。最后一段可以说是整篇小说的点睛之笔，题面是这样的："豆是很普通的豆，戏也是让'我'昏昏欲睡的戏，但是文章最后却说是'好豆''好戏'，对此你是怎样理解的？"

要分析豆好不好、戏好不好，就必须要看小说的格式塔质，从整体上理解。豆的好，戏的好，并不在于豆和戏的本身，而在于和谁一起吃豆看戏，在什么样的情境下吃豆看戏。作者认为豆好戏好，就是因为平桥镇这群可爱的小伙伴，可爱的乡邻；就是因为平桥镇秀美神秘的自然风光。豆好戏好就是"我"对平桥镇美好的回忆。豆好戏好从整体上理解，还要考虑到这是一段美好的回忆。因为时间上拉开了距离，时间越久远，记忆越珍贵，这是"我"认为戏好的第二个原因。第三个原因是对比产生美，对比产生高下。原文开头记录了作者两次在大都市非常不好的看戏经历，于是他格外怀念早年在外婆家看的社戏。

2. 自觉性之"内引外联"

根据格式塔心理学中自觉性的基本原理，在阅读中的直觉和顿悟不是神秘的东西，而是以生活经验和知识为基础的，生活经验和知识越丰富，直觉、顿悟力就越强。直觉性理论启迪我们要研究拓宽语文学习的渠道，把学生的目光引向社会，引向生活。语文天然是与生活密不可分的，语文一旦与生活联结，马上就焕发生机。我们运用自觉性的基本原理设计语文作业，就可以以"内引"和"外联"作为切入点。所谓"内引"就是把学生已有的生活经验引入阅读中来。所谓"外联"，就是把学得的成果延伸到生活中去。

我们依然以《社戏》为例。这是一篇小说，人物、情节都是虚构出来的，但是人物的情感、文章的主题、反映的社会现实却是真实的。文中与学生生活可以产生交集的就是"平桥镇"，也就是美丽的故乡。我们首先要求学生背诵第11～14段。这是语言积累的任务。

然后，我们以此进行"内引"，让学生也书写自己的故乡的美。这样作业的主要任务就定下来了。

接下来，我们可以"外联"，书写自己故乡的美的基本要求是仿写第11～14段的基本写法，即调动视觉、听觉、嗅觉等多种感官和自己的想象力表现故乡的美好。这样，要求也明确了。

3. 心物同形之"传情点"

格式塔心理学中有心物同形的基本原理，所谓"心"就是人的内在情感，所谓"物"就是客观外物的力的作用模式。"心物同形"就是二者互相吻合，也就是异质同构。这是客观外物的力的作用模式和人的内在情感的互相吻合。在我国古代美学理论中称"心物同形"为"感物而动""触景生情""寓情于景""情景交融"。例如，钟嵘《诗品·序》说："气之动物，物之感人。故摇荡性情，形诸舞咏。"这实际上就是心物同形。文学作品的言语形式和表达方式中蕴含着情感信息，那些在传情达意方面最富有表现力的语言或表现手法就是"传情点"。这些传情点或者"一字千钧"，或者"牵一发而动全身"，只要引导学生重锤敲打，动情剖析，引动其中的思想情感的火花，就可以点燃整篇绚烂的烟花，照亮学生的心灵，引起学生的共鸣。我们可以抓住文学作品中的"传情点"来设计语文作业题面。

我们再次以《社戏》为例，向大家说明这个设计策略。《社戏》的第25和26段，双喜征询阿发的意见："是偷你家的还是老六一家的？"而阿发的回答是"所答非所问"——"且慢，让我来看一看吧"。这一句朴实无华，没有使用巧妙的修辞手法，学生一看就懂，却是一个传情点，教师不要让这个美好的瞬间、这个绝妙之笔溜过去，可以设问：阿发为什么不直接回答"偷谁家的"而要"看一看"呢？你可以读出什么？学生再一次细读课文体会人物就会发现阿发这个人物的光彩。心思灵动的双喜向他征询意见，他的心中首先想到的"不是偷谁家的"，这一点没关系，而是想着哪一边的豆子比较好，豆子好可以拿来招待客人。我们可以读出阿发的热情诚恳。在美丽的平桥镇，以双喜和阿发为代表的小伙伴的纯洁无私的心、淳朴善良的本性深深地触动了"我"。文中的"偷"成了一种热情的、无私的、天真纯朴的"偷"，"偷"出了情趣，"偷"出了快乐。

写到这里，我们也会发现，我一直用《社戏》作为例子来分析。我的用意是，以上"点睛之笔""内引外联""传情点"三种策略既是作业设计的方法，也是教学活动主问题设计的策略。但是一篇经典课文可以讲的点很丰富，我们可以利用作业的形式，将课堂上无法呈现的关键点通过作业的形式对学生进行训练，以期达到对课堂教学的有益补充。

4. 完形压强之"空白"

格式塔心理学中完形压强的基本原理，就是指当人们在观看一个不规则、不圆满的形状时，就会产生一种内在紧张力，这种内在紧张力就会促使人的大脑皮层紧张地活动，以填补缺陷，使之成为完满的形状，从而达到内心的平衡，这就叫"完形压强"。格式塔心理学中所说的完形压强恰好对应了艺术品中的"召唤结构"，即兴起于20世纪60年代中期的接受美学理论创始人之一的伊瑟尔提出的"召唤结构"，这也与创始于1965年的模糊理论中文本的"模糊处"相对应，都是指文本内容上、形式上、意义上的未定性、空白点、空缺点和否定性构成的文本多层面开放性的结构。我们可以抓住文本中的"召唤结构"来设计作业题面。"召唤结构"可以从以下三个方面来把握。

第一，召唤结构表现在用省略的地方。文学作品中，作者为了刻画人物，惜墨如金，有意将某个人物的语言省略不写，形成一个艺术间歇，用省略号或破折号进行补偿。《社戏》还可以给我们提供一个实例。可以看小说第38段，本段描写六一公公突然非常感激起来，将大拇指一跷，得意地说了一段话，但结尾处没说完，使用了省略号，六一公公可能会说些什么呢？

我今天也要送些给我们的姑奶奶尝尝去，姑奶奶人最和善，平时总是关照我们。

我今天也要送些给我们的姑奶奶尝尝去，今年的新豆，个头大，味道香甜，她一定爱吃。

我今天也要送些给我们的姑奶奶尝尝去，姑奶奶和迅哥儿都夸我的豆子好吃，看谁还说我比不上别人。

六一公公也许会感恩母亲平时的善待，也可能述说今年收成好豆子又大又香，也可能会表达自己平时总被轻视，有些自卑的心理得到肯定之后的兴奋和自豪，等等。这样的空白给学生留下无限的想象空间，让学生去填补、去创造，充分表现了作品是由作者和读者共同创造的。

第二，召唤结构表现在侧面描写的地方。文学作品中常常是虚实结合、虚实相生的，用虚笔描写的地方往往是侧面描写。这虚笔之处，就是一种缺陷，一个空白。我们看统编教材八年级下第三单元第10课《小石潭记》第2段：

潭中鱼可百许头，皆若空游无所依，日光下澈，影布石上。怡然不动，俶尔远逝，往来翕忽，似与游者相乐。

没有一个字写水，却处处都是水。作者为什么要这样写？

第2段前两句通过鱼群中鱼的数目清晰可数，鱼的状态"无所依"，写出潭水的清澈。接着，作者把眼光放到光与影的变换上。阳光下，鱼的影子星罗棋布、清晰可见，再次突出潭水的清澈。最后表现某一条鱼的神态。"怡然"，就是静止不动的样子。这个"怡"在《说文解字》里为：左边一个人，右面下方是张着的一张嘴，右面上方表示停止，也就是表现一个人发呆的样子或痴痴的样子。这里形容鱼呆呆的样子。本文以如此精致细微描摹鱼的精彩神态表现出水的清澈。

怡

第三，召唤结构表现在含蓄性的结尾。文本的结尾多种多样，但归纳起来不外乎三种类型：自然性结尾、总结性结尾、含蓄性结尾。文学作品有很多都是含蓄性结尾，其主要特征是言有尽而意无穷。这种结尾也是一种缺陷、一个空白。我们抓住含蓄性结尾的空白来设计语文作业，让学生来填补。例如，统编版语文教材八年级下册第六单元第24课《卖炭翁》就采用了含蓄性结尾。因此，作业题面是：《卖炭翁》中，卖炭翁是为了"身上衣裳口中食"，可是他的炭被太监抢走了，他该怎么办？请你发挥想象，续写后面的结尾。

答案一定是丰富多彩的。学生们可能会写：

卖炭翁看到牛车被赶走了，感到十分绝望，他痛苦地跪在地上，眼睛里流着痛苦的泪水。家人还等着他带着吃的穿的回去，他现在只能回山里继续烧炭。

卖炭翁当场愤怒到极点，拼命反抗，不允许太监抢走炭车，最后与太监厮打起来。

卖炭翁孤身一人回到窑里，粮食没有了，天气寒冷，他再也没有力气伐树烧炭，最后冻死在那个冬天。

卖炭翁非常愤慨，官逼民反，他觉得自己没法作为一个良民活下去了，于是揭竿而起，走上了劫富济贫的道路。

利用召唤结构设计读写训练作业，可以给学生提供一个不完整的形，引起学生追求完整的倾向，学生在填补缺陷的过程中，加深了对课文的理解，提升了创造性想象的能力。初中阶段还有很多这样的例子，如学习《皇帝的新装》可以设计以下作业：皇帝回宫后会怎样？学习《孔乙己》可以续写孔乙己：想象他死在哪里？怎么死的？留给我们什么教训？

（三）作业设计反思及评价

作为"提高能力的语言训练作业"，重点在于借助文本内容来提高学生的基本能力。我们的语文练习还有许多基本样式可以借用，如填空法、改错法、填表法、填图法、注释法、是非法、取舍法、背诵法、翻译法、辨析法、选择法、辨认法、列举法、排列法、组合法、分析法、注音法等。我们可以在设计作业时灵活地选用多种形式来提高学生的能力。另外，"提高能力的语言训练作业"的评价适宜采用SOLO分类作业评价量表，当然也要考虑到题目的复杂程度，越复杂越有深度的题目才越能分辨出学生思维能力的强弱。

三、结合生活的情境实践作业

（一）理论依据

多元智能理论是由美国当代著名心理学家、教育家霍华德·加德纳提出的，是20世纪后期最具影响力的心理学理论之一，并在20世纪末成为我国基础教育课程改革的重要理论基础。加德纳认为，智力是在特定文化背景下或社会中，解决问题或制造产品的能力。也就是说，在实际情境中解决问题的能力及创造能力才是核心。

加德纳认为智能结构是多元的，由八种智能构成：语言智能、数学逻辑智能、空间智能、音乐智能、身体运动智能、人际关系智能、自我认识智能、自然观察智能。

多元智能理论关于智能是在特定文化背景下或社会中，解决问题或制造产品的能力的观点对语文作业的设计有重要的启示作用。

（二）设计策略

1. 设置真实学习生活情境

加德纳多元智能理论的基本原理认为智能的产生、发展与个体所处的文化背景或社会环境有直接关系，也就是说，个体智能的发展要受到社会环境、自然环境和教育等因素的制约。因而教师应以问题解决能力及创造力为目标的多元智能平台结合生活的实践作业强调真实生活情境的创设，让学生在真实的社会环境、自然环境、文化背景中学习，以促进其智能的发展，形成解决实际问题的能力及创造力。

学生的学习生活情境有哪些？

顾黄初先生于1988年发表在《教学与研究》上的论文《语文教学要贴近生活》中有这样的概括：学生的实际生活大致可以概括为四个方面：一是各科学习生活。二是学校课余生活。中学生的课余生活包括团队的活动、文娱体育活动以及科技小组活动等。三是校外组织生活。中学生还经常有组织地到校外开展一些活动，如调查、参观、游览等。四是家庭日常生活。中学生作为家庭的一个成员，在家庭中也经常有运用语文工具的机会，如与亲友通信、给他人辅导、为邻里代笔等。

我们在设计作业时，可以参考学生生活中的主要活动来设置，将生活与语文学习结合起来。

2. 设计语言训练核心任务

首先，根据学习生活情境，选择恰当文体。学习生活中有许多常用文体需要教师明确，如启事、请柬、贺词、感谢信、一般的书信、日记、慰问卡片、讣告、悼词、寻物启事、评论、解说词、笔记、提纲、总结、实验报告、艺术评论、演出评论、书评、申请书、电子邮件、演讲稿、问卷调查表、介绍信、表扬信、推荐信、会议纪要、招聘广告、求职信、简历、辞职信、新闻稿、宣传册等。

其次，设计作业完成流程。比如，我们设计一个活动——"我们身边的×路公交车"，我们希望学生通过这次活动能仔细观察公交车上的基本状况，发现问题，并根据问题设计宣传标志和标语，撰写解说词，组织一次公益宣传。那么，我们就根据整个活动完成的自然程序设计作业的完成流程。流程如下：第一阶段，仔细观察生活；第二阶段，交流观察记录，按问题分组研讨，分组交流—合作研讨—形成文案；第三阶段，公益宣传，设计广告语和标志—布置展板，撰写解说词—走上街头；第四阶段，评价，成员互评—小组互评—教师评价。

最后，根据以上安排形成作业方案，设计活动的组织动员稿。

（三）作业反思及评价

这种结合生活的实践作业耗时较多，牵扯精力较大，不是一两节课可以完成的，一般需要三周左右，所以一个学期不能组织太多、太频繁。我们要提高作业设计的质量，通过好的设计深入锻炼学生的语言应用能力，提升学生的语文素养。"结合生活的实践作业"与"语文综合学习"在操作、原理上基本相通，但作业的规模要比语文综合学习小很多。它的基本特征是"一个主题，一个问题，一个目标，一个成果"。

第四节　定量作业的实施

一、激发

所谓"激发"，就是布置作业时，调动起学生对作业的兴趣，明确作业目的，使学生有意愿完成作业以至于完成好作业的过程。激发符合爱德华·桑代克准备律的基本原理，激发的过程就是使学生的心理上对所要做的作业有相当的准备，学生对作业或充满好奇，或充满期待，或充满信心，他们已经跃跃欲试，希望实现自己创造的愿望。在发现法基本原理中，美国教育家布鲁纳总结了四条基本教学原则，即动机、结构、序列、反馈。激发的过程就是激起学生学习动机的过程。布鲁纳认为，学生有三种基本内在动机，即好奇内驱力（即求知欲）、胜任内驱力（即成功的欲望）、互惠内驱力（即人与人之间和睦相处的需要）。这三种基本动机都具有自我奖励的作用，成为后续学生不断进取的动力。

如何激发呢？

第一，给学生明确目标。明确目标就是让学生知道自己在干什么，为什么这么干。明确目标就是给学生标注路程的目的地，让学生知道自己付出多少努力才能到达终点，取得胜利。

第二，通过学习提出问题。问题是激发学生不断产生探究动力的马达。于漪先生特别重视通过问题激发学生的思维。他鼓励学生在自学课文时发现问题。例如，课文的文字层面、细节、矛盾之处、关键句段、生活与文章内容的矛盾之处等都可以发现问题。

第三，通过比较激起探究欲望。于漪先生鼓励学生对文本进行纵向、横向的对比，通过对比发现规律，找到解决问题的路径。

二、评价

所谓"评价"，就是在学生完成作业后，按照评价量表对学生的作业进行评价，以鼓励学生不断提升能力，不断发展的过程。评价的过程要符合爱德华·桑代克效果律的基本原理。简单点说，没有奖励的练习是无效的。联结只有通过有奖励的练习才能增强。所以，教师在对学生进行评价时，要努力发现学生作业的优点，对学生的作业及时给予肯定。当然，这种肯定是有理有据的，不能盲目表扬，否则会适得其反。评价的过程也符合布鲁纳提出的反馈原则。简单来说就是：有写必有评，有写及时评，有写恰当评。及时恰当的评价是提高学习效率、提高作业质量的重要保障。

如何评价呢？

首先，根据量表评出分数或等级，利用作业封皮、名单做好登记。给学生评级量表就是让学生了解作业的理想样态，并对作业尽量做出合理评价。无论教师还是学生，对于作业，心中都有一个标准、一个依据、一个标杆。怎样得高分，怎样不得分，清清楚楚。教师不是随意评分，学生写作业不是盲目完成，而是有方向感。我们根据加德纳的多元智能理论制定了用于评价"养成习惯的常规积累作业"和"结合生活的实践作业"的作业量表，根据SOLO分类理论制定了用于评价"提高能力的语言训练作业"的作业量表，这两个量表还在不断实践和完善中。我们希望通过量表的不断修订来改善作业评价的非理性、非科学的模糊样态。教师利用作业封皮和名单对学生作业进行记录，也是通过记录了解学生学习的基本情况，为学情分析和综合评价做好充分准备。

其次，尽力发掘学生作业中的优点，及时表扬。桑代克三大学习定理，即准备律、练习律、效果律。其中效果律就是在讲没有奖励的练习是无效的

上篇　理论梳理与经验总结

这一原理。要想让学习成为一个不断进步向上的良性循环而不是恶性循环，就要尽力发掘学生优点，不断鼓励学生。作业的评价最重要的作用就是鼓励。

最后，作业评价不是一定要全批全改，但必须"精批精改"。语文教育家吴天石认为教师必须"精批细改"。他这样说：

第四，学生练得多，教师必须精批细改，才能有效地帮助学生提高。精批细改不是要多批多改，而是要批得精当、确切，改得认真、仔细。学生作文中写错了的字，讲错了的道理，不要忽略。目前，有些同志对此看法不一致，认为精批细改就是要改得多，有些校长检查教师批改的作文，就数红字有几个，心虽好，方法不对头，主要应当是看改得精当、细致与否。我以为看作文批改，应着重注意：①错别字和用错的标点符号有没有看出来。②讲错的道理有没有批出来。③文法不通的句子有没有改出来。教师是否做到了精批细改，从这三点就可以看出来。（1962年发表在《江苏教育》的这篇《加强语文基础知识教学和基本训练——在中小学师范语文教学会议上的发言》被称为著名的"常州会议讲话"）

这里，吴天石先生指出作文的精批精改值得我们认真学习、研究，只有对症下药，才能有效地解决问题。

三、讲评

所谓"讲评"，就是作业评改过后，利用课堂对学生的作业完成情况进行总结，指出其优缺点，不断增进学生学习动力的过程。

熟练原则是根据美国中等教育专家莫利逊（Morrison）的熟练公式（mastery formula）提出的。他提出的这个公式，很适用于中学语文教学。所谓熟练，是指完全学习的意思。经过学习活动以后，学生对情境的适应就该有所不同。真正学习的结果，必须能保存永久，并时时应用于实际的生活。学习的真义，在于教学目标彻底的实现，使所要寻求的教学结果，不论知识、技能、习惯、态度或欣赏，都为学生完全获得，以助其对生活的适应。普通以60分为及格的不彻底的教学，与熟练原则相违背。照莫利逊的见解，如果学生仅学习了一半，或快要学习纯熟但尚未达到完全纯熟的地步，则教师的任务还没有完成。

所以，讲评属于作业过程的总结反思阶段，是学生能力提升的关键环节。教师利用课堂时间，以作业中发现的学情作为教学目标组织教学，通过发现、反思、提升的过程，完成对作业的指导。我将这种课型命名为"作业辅导课"。

作业辅导课的课型可以千变万化，但必须具备三大要素：鼓励先进、发现学情、充分练习。

所谓"鼓励先进"，不但要先进个人分享作业经验和作业体会，更主要的是要先进个人指导后学不断努力，学透作业中的疑难点。作业中的优秀者既是学习榜样也是学习资源，教师要利用好伙伴的力量带动后学学习。

所谓"发现学情"，就是一定要找到作业中出现的问题，即学生的学情与学习目标的差距。这是作业辅导课的生发点。作业辅导课成功与否，取决于学生是否真的解决了作业中发现的主要问题。作业辅导课的主要活动都是围绕着这一问题展开的。

所谓"充分练习"，就是语言的实践和运用是作业辅导课的主线。语文作业辅导课就是语言实践课，就是语言运用课，教师的作用是辅导，只起到辅助作用，不要以讲代练，喧宾夺主。教师要准备好精要的学习资源，组织学生，练习充分，不断提升。

四、小结

经过阶段研究，我们对"定量作业"又有了进一步的认识：定量作业的"一、二、三、四"，即一个根本：语言的实践与运用；二元统一——语文与生活；三大分类——养成习惯的常规作业、提高能力的语言训练作业、结合生活的情境作业；四个要素——目标、内容、过程、评价。

参考文献

［1］李杏保，方有林，徐林祥.国文国语教育论典［M］.北京：语文出版社，2014.

［2］顾黄初，李杏保.二十世纪后期中国语文教育论集［M］.成都：四川教育出版社，2000.

［3］张隆华.中国语文教育史纲［M］.长沙：湖南师范大学出版社，1991.

［4］刘永康.西方方法论与现代中国语文教育改革［M］.北京：人民出版社，2007.

［5］王月芬.重构作业——课程视域下的单元作业［M］.北京：教育科学出版社，2021.

中 篇

定量作业的设计与实践

第三章 大单元作业设计与实践

第一节　七下第一单元"定量作业"设计

珠海市第九中学　黄珠好

一、案例介绍

案例名称	"起始·过程·结果"三元并举的单元作业设计		
案例单元	七年级下第一单元		
申报学段	初中	申报学科	语文
作品介绍	此设计的意图在于提高学生的作业效率和作业完成质量。现阶段学生作业低效的原因有三： 其一，从起始环节看，作业目标模糊，训练重点不明确。 其二，从过程阶段看，作业方法指导缺失，学生对作业无从下手。学生作业效率低。 其三，从结果环节看，作业评价没有关注学生习惯培养，没有有效利用好教师作业评价的指挥棒提高作业质量。 此设计的主要特点是"起始·过程·结果"三元并举。 我们要明确作业目标，让学生一开始就知道自己练什么，为什么练。我们在布置作业时要给出作业的主题、范围和内容，同时要给出作业完成的指引。这一点至关重要。作业指引有四个方面的主要内容： 第一，给出明确的时间提示。这样不仅可以告诉学生作业完成的合理时间，更主要的是可以一定程度上提高学生的完成效率。 第二，给出作业的完成方法。写作业时，学生处于自学状态，有时对于方法是模糊的，我们给予方法提示，不但巩固强化了学法，更重要的是培养了学生的学习习惯。		

作品介绍	第三，给出作业的评价标准。提前给出评价标准实际上是让学生明确自己的作业目标，明确什么样的作业才是达标的作业、优秀的作业，学生事先明确，就能在一定程度上提高作业质量。 第四，明确能力训练点，这样可以让学生清楚作业的效果是什么，增强作业的完成动力。 这份设计就是围绕着"目标明确""三元并举"做文章，为教师的作业讲评做准备。

二、单元作业目标

单元 目标序号	目标内容	能力要求	学科 教学要求	备注
1	识记、抄写本单元的生字词	记忆	一致	
2	解释词语在语境中的意思	理解	一致	
3	理解、背诵《孙权劝学》	记忆	一致	
4	结合文章，解释关键句、关键段在文章中的含义和作用	理解	一致	难点
5	揣摩句子和篇章，体会写人的妙处	赏析	一致	
6	学习对比手法，体会如何运用生动形象的细节描写刻画人物的内在精神，表现人物风采	应用	一致	重点
7	运用对比的方法阅读、分析作品之间的相同和不同点，以拓宽视野、加深理解	应用	一致	难点
8	开展"走近名人""世界读书日"等主题活动；明确汉语字体的演变及特点；把握对联结构	应用	互补	
9	在准确了解事情前因后果的基础上，有的放矢地吐露心声，以理服人，以情动人，文明得体	应用	互补	
10	拟写征文启事、推荐语、宣传语、仿写对联	应用	互补	

中篇 定量作业的设计与实践

三、课时作业

第1课时《邓稼先》

（一）前置预习

1. 基础性作业设计

项目	内容
设计意图	通过词性分类整理书写词语，掌握本单元生字词
作业指引	1. 建议：15分钟完成。 2. 学法提示：可以根据词性判断，或者回到原文看词语充当什么成分，是中心词，还是修饰成分，还是表示动作，再根据判断进行分类。 3. 分类正确，给B级；在前基础上书写工整，给A级；在前基础上能找出容易用错的词语并指出原因，作业使用双色笔标记重点，给A+级。 4. 本文成语较多，请圈画出来并体会其在文章具体语境中的含义。 5. 训练记忆和理解力。
作业内容	小海找到了一个学习词语的好方法，你也来试试。请按照词性归类抄写本单元"读读写写"中的词语，并指出容易用错的词语，分析用错的原因。 （1）名词（名词性短语）： （2）动词（动词性短语）： （3）形容词（形容词性短语）： （4）容易用错的词语： 用错的原因： （5）容易写错的词语：
答案或示例	（1）名词（名词性短语）：元勋、谣言、昼夜、昆仑、挚友。 （2）动词（动词性短语）：奠基、背诵。 （3）形容词（形容词性短语）：可歌可泣、鲜为人知、至死不懈、鞠躬尽瘁、当之无愧、家喻户晓、锋芒毕露、妇孺皆知。 （4）容易用错的词语：可歌可泣。 用错的原因：词语的使用对象一般为值得歌颂使人感动落泪的英雄及其事迹。 （5）容易写错的字词：鞠躬尽瘁、当之无愧、锋芒毕露、妇孺皆知。

2. 基础性作业题目细目表

题目序号	课时	作业知识内容	作业目标	能力要求	题型	完成方式	作业难度	作业预估时长	作业来源	备注
1	1	本课词语	1和2	记忆和理解	主观题	解答类	中等	15分钟	创编	

（二）课堂练习

1. 基础性作业设计

项目	内容
设计意图	通过课文前的"思考探究"引导学生学习赏析/理解关键句，把握文章的主要内容与思想，理解邓稼先的精神品格。
作业指引	1. 建议：20分钟完成。 2. 读课文，读2~3遍，边读边画出打动你的句子，把你对句子的解读旁批在句子旁，可以分析句子的意思、句子在文段中的作用，从修辞、长短句、用词等方面进行赏析。 3. 能画出句子，给B级；在前基础上，有旁批，给A级；在前基础上，能比较具体地赏析句子，有自己的感悟，给A+级。 4. 训练理解和赏析能力。
作业内容	1.《邓稼先》中哪些句段最让你感动？请摘抄一句并写出你对句子的理解。 2. 文中分段较多，有时一两句就是一段，简洁精练，铿锵有力，试找一些例子，反复诵读，体会其表现力。
答案或示例	1. ①这封短短的信给了我极大的感情震荡。一时热泪盈眶，不得不起身去洗手间整容。——通过侧面描写作者"我"收到邓稼先求证后的回信，得知祖国自主研制出原子弹的消息后的激动与自豪感动之情，衬托出邓稼先及其团队以及他们身后的祖国的独立强大，表达了强烈的民族自豪感以及作者对邓稼先做事坦荡谨慎、能力卓越的赏识和钦佩。 ②也不知道稼先在蓬断草枯的沙漠中埋葬同事、埋葬下属的时候是什么心情？不知稼先在关键性的方案上签字的时候，手有没有颤抖？——这些句子是作者对邓稼先的心理的猜测，是联想性的描写，具体生动，这里的"不知"，其实是"知道"，是一个科学家对另一个承担重任的科学家的理解怜惜。同为科学家，作者有一份对普通人难以理解的责任担当的感同身受。 ③邓稼先是中国几千年传统文化所孕育出来的有最高奉献精神的儿子。——作者把邓稼先放在中华民族传统文化的大背景下进行评价，富有国际视野，说明邓稼先的优秀品质既是个人的，也是民族的。邓稼先身上体现了民族文化，同时敦厚儒雅的中华民族传统文化养成了他独特的气质，这种民族特质是邓稼先领导众人做出历史贡献的重要原因。"最高"用词准确有力，表达了作者对邓稼先的奉献精神的高度赞赏。 2. 本文句式多变，长短句交替使用，句式的灵活运用丰富了情感表达的效果。例如，在"从'任人宰割'到'站起来了'"部分，作者用四个短句列举了1898年的中国任人宰割的例子，语言简洁明快，形成一股气势，表现力强，令读者印象深刻。 邓稼先的一生是有方向、有意识地前进的。没有彷徨，没有矛盾。——作者用简短的议论性评价直接总结了邓稼先信念坚定的一生，两个"没有"铿锵有力，言语中流露出作者对邓稼先的钦佩与赞赏。

2. 基础性作业题目细目表

题目序号	课时	作业知识内容	作业目标	能力要求	题型	完成方式	作业难度	作业预估时长	作业来源	备注
2	1	预习课文	4和5	理解和赏析	主观题	解答类	中等	20分钟	改编	

（三）课后巩固

1. 基础性作业设计

项目	内容
设计意图	通过词语的解释反推词语，"逆向猜词"，加深学生对词语的理解。
作业指引	1. 建议：3分钟完成。 2. 抓住关键词，联想词语。 3. 全部答对给A级；有错的给D级。 4. 训练记忆力。
作业内容	根据下面词语的解释写出相应词语。 ①指锐气和才干全都表现出来。多形容人气盛逞强。（　　　） ②用马皮把尸体包裹起来，指军人战死于战场。（　　　） ③小心谨慎，贡献出全部精力。（　　　） ④刻石记功。（　　　） ⑤每家每户都知道。（　　　） ⑥值得歌颂，使人感动得流泪。指悲壮的事迹使人非常感动。（　　　）
答案或示例	①锋芒毕露。 ②马革裹尸。 ③鞠躬尽瘁。 ④燕然勒功。 ⑤家喻户晓。 ⑥可歌可泣。

2. 基础性作业题目细目表

题目序号	课时	作业知识内容	作业目标	能力要求	题型	完成方式	作业难度	作业预估时长	作业来源	备注
3	1	第1课词语	2	记忆和理解	主观题	解答类	较低	5分钟	改编	

3. 拓展性作业设计

项目	内容
设计 意图	选择性作业，二选一，检测学生课堂听课情况，是否掌握教学重点。
作业 指引	1. 建议：10分钟完成。 2. 文章段落的作用，建议从内容、结构两个角度思考，内容上思考这段话的意思是什么，结构上要联系前文和标题，从结构的呼应上作答。赏析句子要从赏析语言的特点来思考，根据提示从表达入手，分析其表达效果和作用。 3. 能答出对段落意思的理解，给B级；在此基础上，层次清晰，能分角度答题，理解正确，给A级；在此基础上能写出自己的理解，给A+级。 4. 此题训练理解和赏析的能力。
作业 内容	任选下面一道题作答。 1. 课文第五部分引用《吊古战场文》，结尾处又引用儿时学的五四时代的一首歌，有何作用？ 2. 本文语言朴实严谨，请根据提示赏析下面的句子。 如果稼先再次选择他的人生的话，他仍会走他已走过的道路，这是他的性格与品质。
答案 或示例	1. 开头引用诗文，内容上，表现了自然环境的恶劣，说明邓稼先工作条件艰苦，同时把读者引入中国历史深处，增加文章的厚重感。 结尾引用五四时代的歌，内容上，说明了邓稼先就是一个典型的中国男儿，赞扬了他为国献身的崇高精神；结构上，这首歌作为邓稼先一生的写照，呼应了第一部分，把邓稼先的贡献置身于近一百年来的历史背景中，使文章结构更加严谨完整。 2. 这句话用议论性的评价总结全文，意思是，为中华民族的崛起、为广大人民的利益奉献自己的一生，这是邓稼先的人生。他有为国奋斗毕生的坚定信念，丝毫不畏惧任何困难险阻，甚至牺牲自己也毫不犹豫。这句话用假设的语境来表达肯定的意思，有力地总结了邓稼先的优良品质。（从表达方式的角度赏析）

4. 拓展性作业题目细目表

题目 序号	课时	作业 知识内容	作业 目标	能力 要求	题型	完成 方式	作业 难度	作业 预估时长	作业 来源	备 注
4	1	关键句 的含义	4和5	理解和 赏析	主观 题	解答 类	较高	10分钟	改编	

第2课时《邓稼先》

（一）课堂练习

1. 基础性作业设计

项目	内容
设计意图	学习对比手法在文章中的使用与作用。
作业指引	1. 建议：10分钟完成。 2. 体会对比手法的作用，根据表格填写内容，直观呈现对比的表达效果。作者将邓稼先与奥本海默进行对比，是在哪些方面进行对比，他们的共同点与差异是什么？从对比中，作者得出什么结论？ 3. 对比手法，是文学创作中常用的一种表现手法，是把对立的意思或事物，或把事物的两个方面放在一起比较，让读者在比较中分清好坏、辨别是非。运用这种手法，有利于充分显示事物的矛盾，突出被表现事物的本质特征，加强文章的艺术效果和感染力。 常用答题格式：运用对比手法，把××和××进行对比，突出强调了对象的×××特性。
作业内容	1. 运用圈点勾画的方法，在文中找出相应的句子，完成下列表格。 2. 为什么要这样进行对比？有何作用？ <table><tr><th></th><th>奥本海默</th><th>邓稼先</th></tr><tr><td>国籍</td><td></td><td></td></tr><tr><td>职务</td><td></td><td></td></tr><tr><td>功劳</td><td></td><td></td></tr><tr><td>学术水平</td><td></td><td></td></tr><tr><td>文化背景</td><td></td><td></td></tr><tr><td>性格为人</td><td></td><td></td></tr></table>

项目	内容
答案或示例	1. 共同点：职务——都是自己国家原子弹设计的领导人；功劳——本国的功臣；学术水平——国际顶尖水平；差异：国籍不同——美国与中国；文化背景不同——美国社会文化与中国社会文化；性格为人不同——锋芒毕露与最不要引人注目/忠厚平实/真诚坦白，从不骄人，朴实，最高奉献精神。 2. 课文把邓稼先与奥本海默对比着写，更能鲜明地突出邓稼先的性格品质和奉献精神，从而自然而然地得出结论："邓稼先是中国几千年传统文化所孕育出来的有最高奉献精神的儿子""是中国共产党的理想党员""是一个最不要引人注目的人物""忠厚平实""真诚坦白，从不骄人""没有小心眼，一生喜欢'纯'字所代表的品格""最有中国农民的朴实气质"。 作者正是要通过国家大背景下的对比，来进一步突出邓稼先高尚的品格。说明只有中国的传统文化才能孕育出邓稼先这样忠厚平实、真诚坦白，具有为国忘我、为科研忘我的伟大精神的人，也只有邓稼先才适应中国社会的需要，为民族发展做出巨大贡献。
作业反思	今天通过《邓稼先》第三部分奥本海默与邓稼先的对比，我们学习了对比的写作手法，希望同学们今后能把这种写作手法运用到自己的作文中，为你的文章增添感染力。

2. 基础性作业题目细目表

题目序号	课时	作业知识内容	作业目标	能力要求	题型	完成方式	作业难度	作业预估时长	作业来源	备注
5	2	对比手法	5和6	理解	主观题	解答类	较高	10分钟	改编	

（二）课后巩固

1. 基础性作业题目1设计

项目	内容
设计意图	通过客观题检测学生对词语基础知识的掌握情况，考查范围扩大。
作业指引	1. 建议：10分钟完成。 2. 建议复习本课词语，做到会读、会写、能用。 3. 全部答对给A级，答错一题给B级，答错两题以上给D级。 4. 训练记忆、理解和运用能力。
作业内容	1. 下面加点字注音完全正确的一项是（　　　　） A. 元勋（xūn）　　邓稼先（jià）　　妇孺皆知（rú） B. 殷红（yān）　　开拓（tuò）　　鲜为人知（xǎn）

项目	内容
作业内容	C.燕然（yàn）　　癌症（ái）　　　鞠躬尽瘁（cuì） D.彷徨（páng）　罗布泊（bō）　　风悲日曛（xūn） 2.下列字形书写完全正确的一项是（　　） A.彷徨　　诞生　　戈壁　　援助 B.谣言　　阔别　　选骋　　逝世 C.妇儒　　癌症　　氢弹　　博士 D.睿智　　叱咤　　决胜　　胆识 3.下列句中画线成语运用有误的一项（　　） A."鞠躬尽瘁，死而后已"正好准确地描述了诸葛亮的一生。 B.耶鲁大学毕业的秦玥飞，毅然回国担任大学生村干部，六年来奋战在脱贫攻坚第一线，成了家喻户晓的人物。 C.他走私贩毒，给社会带来了极大的危害，是当之无愧的"社会毒瘤"。 D.他立下过军功，也遭遇过四面楚歌，是一个可歌可泣的悲剧英雄形象。 4.在下列句子的横线处填入的词语，最恰当的一项是（　　） ① 对这一转变做出了巨大贡献的，有一位长期以来___的科学家：邓稼先。 ② 那是中华民族___的时代，是有亡国灭种的危险的时代。 ③ 邓稼先是中华民族核武器事业的奠基人和开拓者。张爱萍将军称他为"'两弹'元勋"，他是___的。 ④ 今天，一个世纪以后，中国人民站起来了。这是千千万万人努力的结果，是许许多多___的英雄人物创造出来的伟大胜利。 ⑤ 1949年到1966年我在普林斯顿高等学术研究所工作，前后17年的时间里所长都是物理学家奥本海默。当时，他是美国___的人物。 A.鲜为人知　　可歌可泣　　当之无愧　　任人宰割　　家喻户晓 B.鲜为人知　　任人宰割　　可歌可泣　　家喻户晓　　当之无愧 C.鲜为人知　　任人宰割　　当之无愧　　可歌可泣　　家喻户晓 D.鲜为人知　　任人宰割　　当之无愧　　家喻户晓　　可歌可泣 5.下列有关《邓稼先》一文的说法有误的一项是（　　） A.本文不同于一般的人物传记，更不同于一般的写人记叙文，而是以中华民族几千年的文化为背景，以近一百年来的民族情结、半个世纪的朋友深情为基调，用饱含感情的语言介绍了一位卓越的科学家。 B.文章运用了对比手法，将邓稼先与奥本海默进行对比，表现了邓稼先忠厚朴实的品质。 C.本文是一篇回忆性散文，文章完全是按照邓稼先的生平顺序来行文的。 D.文章高度赞扬了邓稼先甘为祖国献身的崇高精神，充分表达了作者对邓稼先的崇敬之情。
答案或示例	1.A；2.D；3.C；4.C；5.C

2. 基础性作业题目1细目表

题目序号	课时	作业知识内容	作业目标	能力要求	题型	完成方式	作业难度	作业预估时长	作业来源	备注
6	2	词语、课文内容理解	1、2和4	理解和运用	客观题	解答类	中等	10分钟	改编	

3. 基础性作业题目2设计

项目	内容
设计意图	仿写，有主题的片段写作。通过这个练习训练学生的词语应用能力和表达能力。
作业指引	1. 建议：15分钟完成。 2. 运用对比，进行仿写。 3. 仿写的要求：主题，句式，词语的词性，句子的对称性，字数。仿写句子时要注意：话题要一致；结构、句式要统一；注意例句的手法，如修辞手法、对偶、排比等。此题要注意仿照例句的形式和修辞方法仿写句子。 4. 训练理解和应用能力。
作业内容	1. 仿写句子 ① 冬，它没有春的艳丽，没有夏的（　　　），没有秋的（　　　），但她所独有的就是那圣洁、刚傲的品质。 仿：我没有你（　　　），没有你（　　　），但你也没有我的（　　　）。 ② 黑夜给了我黑色的眼睛，我却用它寻找光明。 仿：寒冬裹着我寒冷的身躯，我却用它（　　　）。 ③ 茉莉，虽不如牡丹富贵，不如玫瑰浓艳，但它有自己的淡雅清新，叫人青睐。 仿：山泉，虽不如（　　　），也不如江河的奔腾不息，但它有自己的欢快步调，奔流入海。 2. 像邓稼先这样为中华民族做出卓越贡献的人还有很多，如钟南山、袁隆平、杨利伟、屠呦呦……他们是中国最耀眼的"明星"。你心中的"明星"又是谁呢？请仿照示例写一段话。 示例：我心中的"明星"是邓稼先。因为他领导团队成功地设计了中国的原子弹和氢弹，提高了我国的国防实力，让华夏儿女扬眉吐气，让中华民族挺起了脊梁。 3. 请你以"我想对邓稼先说"为开头写一段话，抒发对邓稼先的崇敬之情。 （至少使用一种修辞手法，不少于20字）
答案或示例	1.①冬，它没有春的艳丽，没有夏的张扬，没有秋的丰硕，但她所独有的就是那圣洁、刚傲的品质。 仿：我没有你迷人的微笑，没有你深邃的眼神，但你也没有我的睿智。

项目	内容
答案 或示例	② 黑夜给了我黑色的眼睛，我却用它寻找光明。 仿：寒冬裹着我寒冷的身躯，我却用它憧憬春天。 ③ 茉莉，虽不如牡丹富贵，不如玫瑰浓艳，但它有自己的淡雅清新，叫人青睐。 仿：山泉虽不如大海的汹涌澎湃，也不如江河的奔腾不息，但有它自己的欢快步调，奔流入海。 2.（示例1）我心中的"明星"是钟南山。因为在新冠疫情暴发时，八十多岁的钟南山挺身而出，给恐慌的人们心中打下一针镇静剂，带领人们与疫情做斗争。 （示例2）我心中的"明星"是袁隆平。因为他用一粒稻种改变了世界，为解决世界性的饥饿问题做出了重大贡献，让人们过上了不再饥饿的生活。 3. 我想对邓稼先说：邓稼先爷爷，我敬佩您的爱国热情，敬佩您勇攀高峰的科学精神，敬佩您不怕困难、无私奉献的敬业精神。我要以您为榜样，努力学习，长大后，成为您那样的栋梁之材。

4. 基础性作业题目2细目表

题目 序号	课 时	作业 知识内容	作业 目标	能力 要求	题型	完成 方式	作业 难度	作业 预估时长	作业 来源	备 注
7	2	语言 表达	9和10	理解 和运用	主观 题	解答 类	偏高	15分钟	创编	

5. 拓展性作业设计

项目	内容
设计 意图	情境小作文，学会对比手法。先观察生活，抓住事物的典型特征，才有好的表达。
作业 指引	1. 建议：20分钟完成。 2. 阅读课文，学用文中的对比手法来写人。抓住人物的典型特征进行对比，通过对比，突出强化人物的典型特征，让人物形象更鲜明。 3. 如何运用对比手法：①将对立的两个人物进行横向对比。②将同一人物前后的不同方面、不同情况进行纵向对比。③要扣住人物的性格特点，选取言行、神态等方面进行对比，在对比与差异中凸显人物个性。④对比的线索要集中明确，不蔓不枝。 4. 基本完成写作，给B级；在此基础上，写出人物的典型特征，给A级；在前基础上，描写比较生动，思路清晰，给A+级。
作业 内容	（二选一） 1. 自行选择一个人物或者两个人物进行描写，运用对比手法，突出写作对象的主要特征。

项目	内容
作业 内容	2. 情景写作：请你展开想象，根据下面的开头创设情境，设计两个性格迥异的人物形象。运用对比手法，通过对人物的外貌、动作、神态、语言等描写来突出你要重点刻画的人物对象的典型特征。 喧闹的市场里，老太太把新鲜的芹菜一摆出，就立刻围上两个人：一个大腹便便的胖子，一个土里土气的老汉……
答案 或示例	例文： 老太太把新鲜的芹菜一摆出，就立刻围上两个人：一个大腹便便的胖子，白皙的脸上看不见一条皱纹，像刚出锅的馒头；一个土里土气的老汉，黑苍脸，络腮胡，背有些驼，似一株干枯的松树。胖子费劲地蹲下身，好长时间才挑好了五六棵，脸朝向老太太，满脸嫌弃地说道："菜根上的土可不能当菜卖了，得便宜我一块钱！"瘦老汉好似自言自语："地里长的东西，怎么会没土？我们这把年纪，种菜也快种不动了。"

6. 拓展性作业题目细目表

题目 序号	课时	作业 知识内容	作业 目标	能力 要求	题型	完成 方式	作业 难度	作业 预估时长	作业 来源	备 注
8	2	在写作中运用对比的手法	6	运用	主观题	解答类	偏高	20分钟	创编	

第3课时《说和做——记闻一多先生言行片段》

（一）前置预习

1. 基础性作业设计

项目	内容
设计 意图	通过词性分类整理书写词语，掌握本单元生字词。
作业 指引	1. 建议：15分钟完成。 2. 学法提示：可以根据词性判断，或者回到原文看词语充当什么成分，是中心词，还是修饰成分，还是表示动作，再根据判断进行分类。 3. 分类正确，给B级；在前基础上书写工整，给A级；在前基础上能找出容易用错的词语并指出原因，作业使用双色笔标记重点，给A+级。 4. 本文成语较多，请圈画出来并体会其在文章具体语境中的含义。 5. 训练记忆和理解力。
作业 内容	小海找到了一个学习词语的好方法，你也来试试。请按照词性归类抄写本单元"读读写写"中的词语，并指出容易用错的词语，分析用错的原因。

项目	内容
作业内容	（1）名词（名词性短语）： （2）动词（动词性短语）： （3）形容词（形容词性短语）： （4）容易用错的词语： 用错的原因： （5）容易写错的字词：
答案或示例	（1）名词（名词性短语）：秩序、深宵、伴侣、小楷、硕果。 （2）动词（动词性短语）：梳头、抱歉（也可作名词）、迭起。 （3）形容词（形容词性短语）：卓越、澎湃、大无畏、锲而不舍、目不窥园、沥尽心血、心不在焉、慷慨淋漓。 （4）容易用错的词语：气冲斗牛。 用错的原因：不知道这里的"气"是形容怒气。形容气势之盛可以用直冲云霄。 （5）容易写错的字词：锲而不舍、心不在焉、慷慨淋漓、澎湃。

2. 基础性作业题目细目表

题目序号	课时	作业知识内容	作业目标	能力要求	题型	完成方式	作业难度	作业预估时长	作业来源	备注
9	跨课时	单元词语	1和2	记忆和理解	主观题	解答类	中等	15分钟	创编	

（二）课堂练习

1. 基础性作业设计

项目	内容
设计意图	通过课文前的"思考探究"引导学生学习赏析人物的细节描写的方法，把握文章的主要内容与思想，理解闻一多的精神品格。
作业指引	1. 建议：20分钟完成。 2. 读课文，读2～3遍，边读边画出展现闻一多的人物形象的细节，并把细节描写的类别与作用旁批在句子旁边。 3. 能画出句子，给B级；在前基础上，有细节类别（外貌/动作/神态/语言/心理等）的旁批，给A级；在前基础上，能比较具体地赏析句子，能分析该细节描写展现了闻一多的哪些特点与精神品格，给A+级。 4. 训练理解和赏析力。
作业内容	本文在叙述中注意通过细节描写来展现闻一多的人物形象，请找出一个例子，说说这种细节描写的好处。

项目	内容
答案或示例	① 他从唐诗下手，目不窥园，足不下楼，兀兀穷年，沥尽心血。……闻先生也总是头发凌乱，他是无暇及此。闻先生的书桌，凌乱不堪，众物腾怨，闻先生心不在焉，抱歉地道一声："秩序不在我的范围以内。" 赏析：外貌/语言描写，通过描写闻一多专心钻研学术而在生活小节上随意，无暇娱乐，表现了闻一多的专注刻苦精神。 ② 一个又一个大的四方竹纸本子，写满了密密麻麻的小楷，如群蚁排衙。 赏析：细节描写，描写了闻一多做学术的本子书写工整有序，表现了闻一多做学术时一丝不苟的严谨态度。 ③他"说"了："我们要准备像李先生一样，前脚跨出大门，后脚就不准备再跨进大门。" 赏析：语言描写，细节描写，通过描写他在大会上慷慨陈词，表现了他大无畏的革命精神。 ④ 闻先生大无畏地在群众大会上，大骂特务，慷慨淋漓，并指着这群败类说："你们站出来！你们站出来！" 赏析：描写了闻一多在群众大会上，拍案而起，面对敌人的威胁毫不畏惧退缩、激昂英勇的形象，表现了他大无畏的革命精神。 ⑤他走到游行示威队伍的前头，昂首挺胸，长须飘飘。 赏析：外貌描写，描写了闻一多在游行示威时，身先士卒、从容不迫的英勇形象，表现了他大无畏的革命精神。

2.基础性作业题目细目表

题目序号	课时	作业知识内容	作业目标	能力要求	题型	完成方式	作业难度	作业预估时长	作业来源	备注
10	1	预习课文	4和5	理解和赏析	主观题	解答类	中等	20分钟	改编	

（三）课后巩固

1.基础性作业设计

项目	内容
设计意图	辨析形近字；检测学生对课文的理解。
作业指引	1.建议：5分钟完成。 2.课文字词的内外迁移。 3.全部答对给A级；有错的给D级。 4.训练记忆力。

续 表

项目	内容
作业内容	1. 辨析形近字。 qiè（　　）而不舍　　　qì（　　）约 jiǒng（　　）异　　　jiǒng jiǒng（　　）有神 一反jì（　　）往　　　立jí（　　） 书jí（　　）　　　　　慰jiè（　　） 2. 下列表述有误的一项是（　　） A.《说和做——记闻一多先生言行片段》是一篇散文，通过说和做两方面表现闻一多的崇高品格和精神。本文语言生动形象，精练含蓄，富于音乐美。 B. 本文记叙了闻一多先生的主要事迹，文中的议论起不到什么作用，属于可有可无的内容。 C. 臧克家，山东诸城人，诗人。以《老马》成名，被誉为"农民诗人"，代表作有诗集《烙印》等。 D. 闻一多，湖北浠水人，诗人、学者、民主战士。代表作有诗集《红烛》《死水》、学术著作《神话与诗》《唐诗杂论》等。
答案或示例	1. 锲；契；迥；炯炯；既；即；籍；藉。 2. B。本文表达上的一大特点是夹叙夹议。作者实际上是以议论来结构文章的。第一、二段是第一部分叙述的纲，第七段是第一部分的总结，这两处都是议论。第八、九两段是第二部分的纲，最后一段则是第二部分的总结，也是全文的总结，这两处也都是议论。另外，文章还多次用到照应，而所有的照应，又几乎全是议论。由此可见议论在本文中的重要作用。

2. 基础性作业题目细目表

题目序号	课时	作业知识内容	作业目标	能力要求	题型	完成方式	作业难度	作业预估时长	作业来源	备注
11	1	第2课词语	2	记忆和理解	客观题	解答类	较低	5分钟	改编	

3. 拓展性作业设计

项目	内容
设计意图	选择性作业，二选一，检测学生课堂听课情况及是否掌握教学重点。
作业指引	1. 建议：10分钟完成。 2. 词语运用，考查对词语的意思的理解；语言赏析，从修辞、语言风格等方面进行赏析。 3. 能答出修辞手法，给B级；在此基础上，层次清晰地分析语句的表达效果，理解正确，给A级；在此基础上能分析出语言风格，给A+级。 4. 此题训练词语理解和语句赏析的能力。

48

项目	内容
作业内容	任选下面一道题作答。 1. 下列句子中画线成语使用正确的一项是（　　　） A. 中国文化在相对封闭的环境中发展了数千年，终于开始面对世界，同时，西方的学术思想与研究方法也<u>日新月异</u>地走向中国。 B. 考试前夕，我班学习委员李军连续几天高热，使他<u>痛心疾首</u>，焦急万分。 C. 在近期举行的全国青年歌手大奖赛中，有些青年歌手面对常识性的综合素质测试题无动于衷，<u>哑口无言</u>，令观众非常遗憾。 D. 日本帝国主义者所发动的侵华战争给中国人民带来了深重灾难，可是日本部省却<u>别有用心</u>地一再修改日本中小学课本，掩盖战争罪行。 2. 下列语句读起来像诗，能引发丰富的感受与思考，试揣摩并体会其表达效果。 （1）仰之弥高，越高，攀得越起劲；钻之弥深，越坚，钻得越锲而不舍。 （2）他要给我们衰微的民族开一剂救济的文化药方。 （3）深宵灯火是他的伴侣，因它大开光明之路，"漂白了四壁"。
答案或示例	1. D。 解析：本题考查词语的运用。学生要明确词语的意思及用法，在具体语境中体会词语使用的正确与否。词语在句子中的运用要使语言表达更准确、简洁，要和句子所表达的感情色彩相一致。A"日新月异"的意思是，每天每月都有新的变化。不合语境。B"痛心疾首"的意思是，形容痛恨到了极点。不合语境。C"哑口无言"的意思是，像哑巴一样说不出话来。形容理屈词穷的样子。不合语境。D"别有用心"的意思是，心中另有算计。指言论或行动另有不可告人的企图。故答案为：D。 2.（1）语句化用典故，句式工整对仗，富于感情，刻画了闻一多坚持不懈攻克学术难关的形象，表达了作者对闻一多钻研精神的赞美。 （2）运用比喻，语言生动形象，指寻找使我国民族文化繁荣昌盛起来的救国方法，从文化上寻找振兴民族的途径。 （3）深夜只有灯火相伴，却不寂寞，反而有"漂白了四壁"的怡然自适，与"大开光明之路"的意趣一脉相承，表现了对闻一多深夜全力从事学术研究的精神的赞美。

4. 拓展性作业题目细目表

题目序号	课时	作业知识内容	作业目标	能力要求	题型	完成方式	作业难度	作业预估时长	作业来源	备注
12	1	关键句的含义	2、4和5	理解和赏析	主观题	解答类	较高	10分钟	改编	

第4课时《说和做——记闻一多先生言行片段》

（一）课堂练习

1. 基础性作业设计

项目	内容
设计意图	通过客观题检测学生对词语基础知识的掌握情况，考查范围扩大。
作业指引	1. 建议：10分钟完成。 2. 复习对联（对联要求：第一，上下联字数要相等。第二，上下联词组要相同，词性要一致。第三，上下联平仄要相调。第四，切忌合掌）。 3. 介绍名家，要结合平时的识记进行分析，重点把握，对闻一多先生的生平事迹（贡献、著作等）进行简要介绍，可按照先总后分的顺序。 4. 拟写对联，正确且介绍人物的文字表达基本清楚，给B级，在前面基础上文从字顺，人物介绍较为全面且简洁，给A级。 5. 训练语言运用能力。
作业内容	1. 根据《邓稼先》和本课内容拟写对联。 上联：_____唐诗杂论_____ 下联：邓稼先两弹一星刻苦钻研 2. 某班开展"走近闻一多"的主题活动，活动中有一些问题，请你参与解决。请用简洁的文字向同学介绍闻一多。
答案或示例	1. 闻一多；严谨治学。 解析：本题考查学生拟写对联的能力。下联"邓稼先两弹一星刻苦钻研"的内容：先是人名，然后是贡献，最后是科学态度。还要注意结构上的对称。 2. 示例：闻一多，本名闻家骅，著名诗人、学者、爱国民主战士。青年时代是新月派诗人，1923年出版第一部诗集《红烛》，闪烁着反帝爱国的火花。1928年出版第二部诗集《死水》，表现出深沉的爱国主义激情。中年时代是旧经典的研究学者，晚年成为青年所爱戴的，昂头作狮子吼的民主战士，"一二·一"惨案后，他更英勇地投身爱国民主运动，直到牺牲。 解析：本题考查学生介绍名家的基本能力。解答时要结合平时的识记进行分析，重点表达即可。解答本题需要学生准确细致并结合自己的理解进行分析。

2. 基础性作业题目细目表

题目序号	课时	作业知识内容	作业目标	能力要求	题型	完成方式	作业难度	作业预估时长	作业来源	备注
13	2	表达训练	8和10	理解和运用	主观题	解答类	中等	10分钟	改编	

3. 拓展性作业设计

项目	内容
设计意图	情境小作文，学会描写人物的内在精神。先观察生活，才有好的表达。
作业指引	1. 建议：20分钟完成。 2. 阅读课文，学用文中选用典型细节来表现人物的内在精神品质。 3. 选好人物，拍照，基本完成写作，给B级；在此基础上，写出人物的特点，有生动的细节描写，给A级；在前基础上，思路清晰，人物形象鲜活，给A+级。
作业内容	1. 可以选取你熟悉的人作为写作对象（自己也可以），提炼出一两个生活细节来表现人物的典型性格品质。拍照（要求分整体和局部特写，拍两张，标注姓名、班级、上传班级群）。 2. 写一段话，描写你拍摄的人。
答案或示例	例文： **《怀李叔同先生》选文** 丰子恺 　　摇过预备铃，我们走向音乐教室，推门进去，先吃一惊：李先生早已端坐在讲台上。……李先生高高的瘦削的上半身穿着整洁的黑布马褂，露出在讲台上，宽广得可以走马的前额，细长的凤眼，隆正的鼻梁，形成威严的表情，扁平而阔的嘴唇端常有深涡，显示和蔼的表情。这副相貌，用"温而厉"三个字来描写，大概差不多了。……钢琴琴衣解开着，琴盖开着，谱表摆着，琴头上又放着一只表，闪闪的金光直射到我们的眼中。黑板上早已清清楚楚地写好本课内所应写的东西。……他站起来，深深地一鞠躬，课就开始了。 　　最不易忘却的，是有一次上弹琴课的时候。……有一个同学放一个屁，没有声音，却是很臭。钢琴及李先生十数同学全部沉浸在亚莫尼亚气体中。同学大都掩鼻或发出讨厌的声音。李先生眉头一皱，管自弹琴（我想他一定屏息着）。弹到后来，亚莫尼亚气散光了，他的眉头方才舒展。教完以后，下课铃响了。李先生立起来一鞠躬，表示散课。散课以后，同学还未出门，李先生又郑重地宣告："大家等一等去，还有一句话。"大家又肃立了。李先生又用很轻而严肃的声音和气地说："以后放屁，到门外去，不要放在室内。"接着又一鞠躬，表示我们出去。同学都忍着笑，一出门来，大家快跑，跑到远处去大笑一顿。

4. 拓展性作业题目细目表

题目序号	课时	作业知识内容	作业目标	能力要求	题型	完成方式	作业难度	作业预估时长	作业来源	备注
14	2	写出人物的内在精神	6	运用	主观题	解答类	偏高	20分钟	创编	

（二）课后巩固

1. 基础性作业设计

项目	内容
设计意图	通过词语的解释反推词语，"逆向猜词"，加深学生对词语的理解。
作业指引	1. 建议：5分钟完成。 2. 抓住关键词，联想词语。 3. 全部答对给A级；有错的给D级。 4. 训练记忆力。
作业内容	根据下面词语的解释写出相应词语。 ① 一年到头劳苦不息。（　　　　） ② 写得密密麻麻工工整整的蝇头小楷，好像许多蚂蚁排列成行。（　　　　） ③ 完全不同。（　　　　） ④ 与过去完全不一样。（　　　　） ⑤ 形容怒气很盛。（　　　　） ⑥ 高耸物体的末端，文中指超群出众。（　　　　）
答案或示例	① 兀兀穷年。 ② 群蚁排衙。 ③ 迥乎不同。 ④ 一反既往。 ⑤ 气冲斗牛。 ⑥ 高标。

2. 基础性作业题目细目表

题目序号	课时	作业知识内容	作业目标	能力要求	题型	完成方式	作业难度	作业预估时长	作业来源	备注
15	1	第2课词语	2	记忆和理解	主观题	解答类	较低	5分钟	改编	

3. 拓展性作业设计

项目	内容
设计意图	连词成段，有主题的片段写作。通过这个练习训练学生的词语应用能力和表达能力。
作业指引	1.建议：15分钟完成。 2.可以先写一段你鼓励同桌的话，再思考如何加上"读读写写"里的词语，最后修改通顺。 3.能完成写作，用上所给词语，给B级；完成段落写作，能用上词语，红色笔圈画出学用的"新词"，给A级；在此基础上，语句通顺，表达合情合理，给A+级。 4.训练理解和应用能力。
作业内容	词语学用 写作情景：你的同桌认真备考却没考好，你写一段话鼓励对方。 限制：请在课后"读读写写"中任选三个词，在劝说的句子中使用。
答案或示例	例文： 选用词语：硕果、锲而不舍、目不窥园 小海，为了这次考试你认真复习了那么久，这一个月你几乎目不窥园，全身心沉浸在学习中，结果却不如意，真是很可惜。但是你千万不要灰心，足够的量变终究会带来质变的飞跃。我相信皇天不负有心人，只要锲而不舍，继续努力，期末考试你一定会硕果累累。

4. 拓展性作业题目细目表

题目序号	课时	作业知识内容	作业目标	能力要求	题型	完成方式	作业难度	作业预估时长	作业来源	备注
16	2	词语理解运用	9	理解和运用	主观题	解答类	偏高	15分钟	创编	

第5课时《回忆鲁迅先生》

（一）前置预习

1. 基础性作业设计

项目	内容
设计意图	通过词性分类整理书写词语，掌握本单元生字词。
作业指引	1.建议：15分钟完成。 2. 学法提示：可以根据词性判断，或者回到原文看词语充当什么成分，是中心词，还是修饰成分，还是表示动作，再根据判断进行分类。

项目	内容
作业指引	3. 分类正确,给B级;在前基础上书写工整,给A级;在前基础上能找出容易用错的词语并指出原因,作业使用双色笔标记重点,给A+级。 4. 本文成语较多,请圈画出来并体会其在文章具体语境中的含义。 5. 训练记忆和理解力。
作业内容	小海找到了一个学习词语的好方法,你也来试试。请按照词性归类抄写本单元"读读写写"中的词语,并指出容易用错的词语,分析用错的原因。 (1)名词(名词性短语): (2)动词(动词性短语): (3)形容词(形容词性短语): (4)容易用错的词语: 用错的原因: (5)容易写错的词:
答案或示例	(1)名词(名词性短语):碟、调羹、薪金、疙瘩。 (2)动词(动词性短语):舀、揩、捆、咳嗽(可作名词)、绞肉、校对、洗澡、吩咐、抹杀、深恶痛绝、不以为然。 (3)形容词(形容词性短语):草率、悠然。 (4)容易用错的词语:不以为然。 用错的原因:然,对的。跟"不以为意"区别。 (5)容易写错的字词:咳嗽、调羹。

2. 基础性作业题目细目表

题目序号	课时	作业知识内容	作业目标	能力要求	题型	完成方式	作业难度	作业预估时长	作业来源	备注
17	跨课时	单元词语	1和2	记忆和理解	主观题	解答类	中等	15分钟	创编	

(二)课堂练习

1. 基础性作业设计

项目	内容
设计意图	作者以细腻的文笔和片段式的叙述刻画了鲁迅多个侧面,鲁迅既具思想家的特质和文学家的文采,又是一个对青年爱护备至的导师和诤友、一个对妻子无比倚重的丈夫、一个体察孩子的好父亲、一个亲切随和不失幽默的长者。通过对文中鲁迅的"笑"的赏析,把握文章的主要内容,理解鲁迅的人物形象。
作业指引	1. 建议:20分钟完成。 2. 读课文,读2~3遍,边读边画出关于鲁迅"笑"的句子,把你对句子的解读旁批在句子旁,分析人物形象。

项目	内容
作业指引	3. 能画出句子，给B级；在前基础上，有旁批，给A级；在前基础上，能比较具体地分析人物形象，给A+级。 4. 训练理解和赏析能力。
作业内容	《回忆鲁迅先生》中有哪些关于鲁迅的笑的描写？请摘抄一句并写出你对句子的理解。
答案或示例	① 鲁迅先生的笑声是明朗的，是从心里的欢喜。若有人说了什么可笑的话，鲁迅先生笑得连烟卷都拿不住了，常常是笑得咳嗽起来。——表现了鲁迅先生的乐观爽朗、平易近人，跟一些人心目中"多疑善怒""冷酷无情"的鲁迅形成了鲜明对照。 ② 饺子煮好，一上楼梯，就听到楼上鲁迅先生明朗的笑声冲下楼梯来，原来有几个朋友在楼上也正谈得热闹。——说明鲁迅绝不是一个不可亲近的人，朋友带给彼此的愉悦由此可见一斑。 ③ "好久不见，好久不见。"一边说着一边向我点头……周先生转身坐在躺椅上才自己笑起来，他是在开着玩笑。——孩子化的语言，透着风趣，透着玩笑，表现了鲁迅幽默风趣的一面，也深深地感染了作者。

2. 基础性作业题目细目表

题目序号	课时	作业知识内容	作业目标	能力要求	题型	完成方式	作业难度	作业预估时长	作业来源	备注
18	1	预习课文	5	理解和赏析	主观题	解答类	中等	20分钟	改编	

（三）课后巩固

1. 基础性作业设计

项目	内容
设计意图	通过词语的解释反推词语，"逆向猜词"，加深学生对词语的理解。
作业指引	1. 建议：5分钟完成。 2. 抓住关键词，联想词语。 3. 全部答对给A级；有错的给D级。 4. 训练记忆力。
作业内容	根据下面词语的解释写出相应词语。 ① 根据定本核对抄本或根据原稿核对校样，订正差错。（　　　） ② 潦草，不工整。（　　　） ③ 安闲、闲适的样子。（　　　）

项目	内容
作业内容	④ 彻底勾销；完全去掉。（　　　） ⑤ 指对某人或某事物极端厌恶痛恨。（　　　） ⑥ 不认为是对的。表示不同意或否定。（　　　）
答案或示例	① 校对。 ② 草率。 ③ 悠然。 ④ 抹杀。 ⑤ 深恶痛绝。 ⑥ 不以为然。

2. 基础性作业题目细目表

题目序号	课时	作业知识内容	作业目标	能力要求	题型	完成方式	作业难度	作业预估时长	作业来源	备注
19	1	第3课词语	2	记忆和理解	主观题	解答类	较低	5分钟	改编	

3. 拓展性作业设计

项目	内容
设计意图	选择性作业，二选一，检测学生课堂听课情况，及是否掌握教学重点。
作业指引	1. 建议：15分钟完成。 2. 综合能力的考查。学习写推荐语（书籍推荐的理由一般为作者写作的独特性，书籍作品在内容、主题、思想方面的优点，阅读后有什么获益等）、征文启事（征文启事的内容一般由标题、正文、落款组成。正文一般要写明四个方面的内容：一是写明征文的目的、对象、用途、意义；二是写明征文的题材、体裁、字数；三是说明有关事项，如起止时间、投寄办法、评奖的办法等；四是写明征文单位的地址、邮编、联系人。落款要注明发布征文单位的名称、发布日期。若标题或正文中已显示征文单位，此处可以省略。在报纸上发表的征文，也可不必再写年、月、日）、宣传语。了解挽联的相关知识（参考对联的格式，主题为纪念某位去世的人，寄托哀思与思念）。 3. 格式规范，有内容，给B级；在此基础上，内容具体，语言通顺，给A级；在此基础上语言流畅，表达得体，给A+级。 4. 此题训练语言运用的能力。
作业内容	任选下面一道题作答。 1. 为了引导同学们对鲁迅和鲁迅作品有更深的了解和理解，学校准备开展以"走近鲁迅"为主题的综合性学习活动。

项目	内容
作业内容	（1）请你推荐一篇课外读过的鲁迅的作品，并写一句推荐语。 你推荐的作品： 你的推荐语： （2）为让同学们更加了解鲁迅，校团委准备出一期鲁迅作品读后感专刊，请你以校团委的名义为本次专刊写一则征文启事。启事中须写明以下要求：字数不超过800字，稿件交到学校办公楼团委，截止日期为3月26日。 2. 班级准备开展以"走近鲁迅"为主题的综合性学习活动，请你参加并完成下列任务。 （1）下图是出自鲁迅《自嘲》中的两句诗的书法作品，对其欣赏不恰当的一项是（　　） A. 采用楷体，中正平稳　　B. 用笔饱满，形神兼备 C. 字形瘦长，笔画飘逸　　D. 大小匀称，徐疾有致 （2）鲁迅记忆深处的民间故事、迎神赛会、社戏、目连戏、无常等，构成了绍兴文化不可分割的一部分。在绍兴街头巷尾，伟大的鲁迅时时出现在人们的面前：以鲁迅命名的马路、广场、学校、电影院、纪念馆层出不穷。假如绍兴今年要举办"鲁迅文化旅游年"活动，请你为其拟写一则宣传语。 （3）鲁迅先生逝世后，社会各界人士敬献挽联不可胜数。填入下面这副悼念鲁迅先生的挽联横线处最恰当的一项是（　　） 上联：笔①_____大野，胸怀日月光和热 下联：墨洒②_____，夜度春秋慨而慷 A. ①耕　②乾坤　　　　B. ①耕　②长河 C. ①写　②乾坤　　　　D. ①写　②长河
答案或示例	1.（1）《狂人日记》。这是鲁迅创作的第一篇短篇白话日记体小说，也是中国第一部现代白话文小说，揭示了封建礼教"吃人"的本质。 （2） 征文启事 同学们： 　　鲁迅是我国著名的文学家、思想家、政治家，为了让同学们更加了解鲁迅，校团委举行了"走近鲁迅"系列活动，现准备出一期鲁迅作品读后感的专刊，特向全校师生征集文稿。

项目	内容
答案 或示例	一、征文要求 　　1. 作品以"鲁迅作品读后感"为主题，要求主题鲜明，内容健康向上，有真情实感，密切联系中学生成长成才的特点。 　　2. 字数不超过800字，稿件交到学校办公楼团委，截止日期为3月26日。 　　3. 来稿请注明作者的真实姓名和联系方式。参赛作品须为原创，不得抄袭。 　二、评比方式 　　本次征文活动将本着"平等、公平、公正"的原则进行评选，来稿一经采用，将给予稿酬，并在刊用作品中选出5件获奖作品，颁发证书、奖金。请广大师生踊跃投稿。 　　　　　　　　　　　　　　　　　　　　　　　　　　　××学校校团委 2.（1）C。小篆的特点是字形工整瘦长，笔画圆健古厚飘逸秀美。 （2）示例：绍兴与鲁迅同在，鲁迅与你同在。 （3）B

4. 拓展性作业题目细目表

题目 序号	课时	作业 知识内容	作业目 标	能力 要求	题型	完成 方式	作业 难度	作业 预估时长	作业 来源	备 注
20	1	综合运用	4、5、 8、10	理解 运用	主、客 观题	解答 类	较高	15分钟	改编	

第6课时《孙权劝学》

（一）前置预习

1. 基础性作业设计

项目	内容
设计 意图	通过整理分析文章中出现的称谓，理解文言文中的称谓语，积累古代文化知识。
作业 指引	1. 建议：10分钟完成。 2. 文言文中的称谓语非常丰富，有自称、对他人的爱称、敬称等。 3. 找准称谓，给B级；在前基础上书写工整，并能在语境中联系上下文分析称谓的类属，给A级；在前基础上能补充搜集课外的其他称谓，给A+级。 4. 训练记忆力和理解力。
作业 内容	请找出文中的称谓，抄写该句子，并分析称谓属于哪种类型。 示范：（1）卿今当涂掌事，不可不学。（卿：古代君对臣的爱称；多用于君对臣，也可用于夫妻、朋友之间，爱称。）

项目	内容
答案或示例	（2）孤岂欲卿治经为博士邪？（孤：君王的自称，古代王侯的自称） （3）大兄何见事之晚乎！（大兄：对朋友辈的敬称） （4）客问元方："尊君在不？"（尊君：尊称对方的父亲） （5）元方曰："君与家君期日中。"（君：对对方的尊称；家君：对自己父亲的谦称） （6）余忆童稚时，能张目对日。（余：自称） 自称（谦称）：鄙、鄙人、敝人、予、吾、某；寡人（君王自称）、老朽（老人自称）、小弟（在长者面前）；朕、微臣、下官、末将、奴才、小的；小生。

2. 基础性作业题目细目表

题目序号	课时	作业知识内容	作业目标	能力要求	题型	完成方式	作业难度	作业预估时长	作业来源	备注
21	1	古代称谓	1和2	记忆和理解	主观题	解答类	中等	10分钟	创编	

（二）课堂练习

1. 基础性作业设计

项目	内容
设计意图	通过客观题巩固词语、朗读的基础知识，简单而实用。
作业指引	1. 建议：15分钟完成。 2. 先朗读课文，遇到不会的生字词要查字典，结合书下注释，理解课文内容。整理出本课的生字词语表。注意字音的识记和积累，特别是古今异义词（文言文中有许多词语与现代汉语相比，发生了很大的变化，或扩大，或缩小，或改变，或消失，等等）。这类词在形体上与现代汉语相同，但在意义上却有明显的不同，如文中的"博士"，在这里是"当时专掌经学传授的官"，而在现代汉语中是"学位的最高一级"的意思，一词多义。 3. 全对给A级，错一个给B级，两个以上给D级。 4. 训练记忆能力和理解能力。
作业内容	有感情地朗读课文后完成下面训练： 1. 对下列句中画线词语理解有误的一项是（　　　　） A. 卿今当涂<u>掌事</u>　　掌管政事 B. 但当<u>涉猎</u>　　粗略地阅读 C. <u>孰</u>若孤　　谁，哪个 D. 非<u>复</u>吴下阿蒙　　不复习

项目	内容

作业内容	2. 下列句子中画线词语古今意义相同的一项是（ ）
	A. 孤岂欲卿治经为博士邪
	B. 但当涉猎
	C. 与儿女讲论文义
	3. 下列不是倒装句的一项是（ ）
	A. 蒙辞以军中多务
	B. 士别三日即更刮目相待
	C. 大兄何见事之晚乎
	D. 白雪纷纷何所似？
	4. 解释下列多义词。
	（1）当：①但当涉猎（ ）
	      ②卿今当涂掌事（ ）
	（2）见：①见往事耳（ ）
	      ②大兄何见事之晚乎（ ）
	（3）以：①蒙辞以军中多务（ ）
	      ②自以为大有所益（ ）
	5. 朗读文章要注意句子的语气。读读下列句子，写出句子中加点虚词所表示的语气。
	（1）孤岂欲卿治经为博士邪（ ）
	（2）但当涉猎，见往事耳（ ）
	（3）大兄何见事之晚乎（ ）

答案或示例	1. D，不再是。 2. B。 3. B。 4.（1）①应该；②掌管。 （2）①了解；②知晓。 （3）①介词，用；②动词，认为。 5.（1）表示反问语气，相当于"吗"。 （2）表示限制语气，相当于"罢了"。 （3）表示感叹语气，相当于"啊"

2. 基础性作业题目细目表

题目序号	课时	作业知识内容	作业目标	能力要求	题型	完成方式	作业难度	作业预估时长	作业来源	备注
22	5	词语	1和2	记忆和理解	客观题	解答类	偏低	15分钟	改编	

（三）课后巩固

1. 基础性作业设计

项目	内容
设计意图	课文内容的理解；课内外的知识迁移。
作业指引	1. 建议：10分钟完成。 2. 可以先大声朗读诗歌，遇到不会的字词查字典，借助书下注释理解诗歌内容，然后完成题目。 3. 全对的给A级，错一个给D级。 4. 训练记忆和理解能力。
作业内容	1. 下列对文章内容的分析，不正确的一项是（　　　） A. 孙权劝学，既指出了吕蒙学习的必要性，又现身说法，指出"学"的可能性，从而使吕蒙无可推辞。 B. 鲁肃与吕蒙的对话，既从正面烘托出了孙权劝学的显著成效，又进一步告诉人们读书学习的重要性。 C. 鲁肃与吕蒙的对话，一唱一和，互相打趣，显示了二人的真实性情与融洽关系。 D. 鲁肃与吕蒙"结友而别"，从侧面表现了孙权劝学的结果以及吕蒙才略的惊人增长。 2. 根据课文内容，联系下面的链接材料，你认为吕蒙是一个怎样的人？ 蒙始就学，笃志不倦，其所览见，旧儒不胜。鲁肃过蒙言议，曰："吾谓大弟但有武略耳，至于今者，学识英博，非复吴下阿蒙。"（选自裴松之注引《江表传》，有删改） 3. 古代文言文中的许多语句是成语的重要来源，请根据下面两句话的意思，在本文中找出相应的成语，并用成语写一段文字。 （1）比喻人学识尚浅。（　　　　） （2）另眼相看，用新眼光看人。（　　　　）
答案或示例	1. B。应该是从侧面烘托。 2. 学习勤奋用功，意志坚定；知错就改，大有长进，学识渊博。 3. （1）吴下阿蒙；（2）刮目相待。刚从大学毕业的张老师，由于业务知识不熟，教学经验少，在教学中常常捉襟见肘，但是，他勤奋好学，不久，在教学中取得了令人刮目相待的成绩。人们谈起他时，都喜滋滋地说："张老师已不是以前的吴下阿蒙啦！"

中篇　定量作业的设计与实践

2. 基础性作业题目细目表

题目序号	课时	作业知识内容	作业目标	能力要求	题型	完成方式	作业难度	作业预估时长	作业来源	备注
23	5	课文内容理解；词语运用	1、2和3	记忆	客观题	解答	较轻	10分钟	改编	

3. 拓展性作业设计

项目	内容
设计意图	通过综合实践，训练学生的语言表达能力。
作业指引	1. 建议：15分钟完成。 2. 写标语要符合主题，上下句内容关联，字词对仗；看图写内容，要仔细观察画面细节，联系漫画标题，写出画面要传达的主要意思；提建议，要根据情景内容来提出对应的建议对策，对策应有针对性且可行有效。 3. 语言通顺，内容准确，表达符合要求，给A级；语词有个别不通顺，内容不准确，给B级。
作业内容	综合实践 "世界读书日"即将到来，为庆祝这一文化节日，学校开展"书香校园，期待你我"语文综合性学习活动，请你参加并完成下列任务。 1. ［续写标语］为鼓励更多同学参加活动，班长负责设计一条宣传标语。他根据下面语段中的画线句［A］拟出了标语的前半句，请你根据画线句［B］续写后半句。（要求：与前半句语意相关、字数相等） 书的世界是一个多彩的世界，与书为伴是人生最大的幸事。［A］读到一本好书时会一时感到快乐，我们常常会心一笑；而［B］经常性地读书则会让我们一辈子都从中获得很多益处，真正领略"读书是福"的意境。 标语：读好书一时快乐，（　　　　） 2. ［介绍漫画］下图是一幅名为"随波逐流"的漫画，请写出画面内容及含义。

项目	内容
作业内容	内容： 含义： 3.〔探讨读书〕请你任选一名学生的发言，提一条读书建议。（字数不超过60字，注意语言得体） 甲同学：面对茫茫书海眼花缭乱，心里够烦的，不想去读。 乙同学：现在太忙，做习题上补习班都来不及，没时间读。 丙同学：我读过很多书，但是读过就忘，找不到好方法读。 4. 下面是某同学在学校贴吧上发的帖子，请你跟帖。要求：提出自己的观点，并至少用一个例子加以阐述，60字左右。 某同学的帖子：读书可以养气。"腹有诗书气自华"，宋濂遍观群书，则有儒雅之气；苏轼饱读诗书，则有豪放之气。故多读则气足，气足则文华。
答案或示例	1. 示例：好读书终身受益。 2. 示例：画中有很多人正在街上前行，可以看见这些人脸上的表情并不轻松。而画的上半部分有一个人在路上行走，虽然他孤身一人，但是看得出来他面带微笑，显得很轻松。这幅漫画生动地表现出很多人在生活中总是随波逐流，每天都过着千篇一律的枯燥生活。但是如果你愿意做出人生的另一种选择，就算是一个人走也很开心。 3. 示例： 甲：你在生活中有什么感兴趣的事吗？你可以从自己感兴趣的书籍开始读，慢慢地你就会尝到读书的甜头了。乙：其实长时间做习题，容易导致头脑昏沉。读一些课外书，正好调节紧张的神经，学习会有更好的效果。丙：读过就忘也很正常的。多读几遍，做摘录，写读书笔记是帮助记忆的好方法。况且，好书不厌百回读啊！ 4. 示例：读书可以益智。多读书使人知识丰富，眼界开阔，思想深刻。郑樵读古今之节，通百家之学，最终成为知识渊博的史学家。

4. 拓展性作业题目细目表

题目序号	课时	作业知识内容	作业目标	能力要求	题型	完成方式	作业难度	作业预估时长	作业来源	备注
24	5	词语理解，连词成段；语言表达	9和10	应用	主观题	解答题	中等	15分钟	改编	

中篇 定量作业的设计与实践

四、反思与改进

项目	反思	改进
内容	作业设计突出"20分钟作业"，作业的设计注重阅读部分，写作更多在于片段写作，对大作文写作没有涉及，主要原因也在于大作文不是20分钟之内就可以完成的作业，我们只能特殊对待。 另外，作业的设计在激发学生学习兴趣上还不够，与考试联系得更紧密，有可能只是在学法和检测上起到更大的作用。	大作文要单独列出来，成为语文作业的特殊部分，分阶段完成。有效利用片段写作，扩充为大作文。 在作业激趣上除了用学生完成作业的"成就感"激发兴趣之外，可以结合目前流行的"项目学习"给语文作业增加更多的生活元素，如在佐藤学《静悄悄的革命》一书中提到的"蒲公英学习"，蒲公英连接起教师、学生和家长的心，让人动容。但是学习资源可遇而不可求，我们会继续努力。

第二节 七下第五单元"定量作业"设计

珠海市第九中学 郭晓东

一、单元目标分析

第五单元目标	1. 学习托物言志的手法：体会如何运用生动形象的语言写景状物，寄寓自己的情思，抒发对社会、人生的感悟。 2. 建议运用比较的方法阅读，分析作品之间的相同或不同之处，以拓宽视野，加深理解。 3. 阅读描写景物的文章，体会富有哲理的语句的含义，思考文章带给我们的人生启示。			
18.《紫藤萝瀑布》	学习目标	1. 课文的主要内容是什么？引起了你怎样的共鸣？	课时1	1. 根据关键语句梳理散文内容，概括层意。 2. 把握文章所写之物，它引起了你怎样的共鸣？

18.《紫藤萝瀑布》	学习目标	2. 课文写景状物的妙处是什么？学习本文的写法。 3. 体会宗璞写作本文的目的，总结你的收获。	课时2	1. 赏析散文的语言，反复揣摩，体会写景状物的妙处。 2. 学习散文的写法，描写当地常见的一种艳丽花朵，要写出花的主要特征。
			课时3	1. 你觉得宗璞通过本文想要告诉我们什么？ 2. 联系第四单元的课文，总结本文的写法，并背诵课文。
21.《古代诗歌五首》	学习目标	1. 反复诵读五首诗，结合背景资料，体会诗歌表达的思想感情。 2. 按照情感和意象整理古诗词中的名句。	课时1	反复诵读《登幽州台歌》《望岳》《登飞来峰》，结合背景资料说说作者想表达怎样的思想情感。
			课时2	反复诵读《游山西村》《己亥杂诗（其五）》，结合背景，体会作者对祖国抱有怎样的情感。
			课时3	整理本课古诗名句，并按照内容进行分类。
19.《一棵小桃树》	学习目标	1. 阅读《丁香结》《燕园树寻》《好一朵木槿花》，分享这些作品的共同特点。 2. 对比《一棵小桃树》与上述文章的相同点和不同点。		
20.《外国诗二首》	学习目标	1. 阅读《假如生活欺骗了你》《未选择的路》，思考什么是诗歌。 2. 自读、对读《假如生活欺骗了你》，说说这首诗带给你的感受。 3.《未选择的路》的写法与本单元的哪篇文章很像，作者想说什么？		

二、单元知识点提要

（一）第五单元知识点

1. 托物言志

托物言志是一种常见的表现手法。所谓托物言志，也称寄意于物，是指作者运用象征或起兴等手法，通过描绘客观事物的某方面特征来表达情感或揭示主旨。托物言志类文章的特点：用某一物品来比拟或象征某种精神、品格、思想、感情等。

2. 比较阅读

把两种或两种以上同类或者有一定联系的文章放在一起比较分析其共同

点和特殊性。包括"比异求同"和"比同求异"两种方法。

3. 所谓比异求同

在把握各个不同点的同时，重点分析它们的共同之处，找出它们之间的关联点。比如，我们在分析《故乡》中"闰土"和"杨二嫂"的不同形象时，归纳他们作为社会底层人物的关联点。

4. 所谓比同求异

将不同点明显地组织在一起，要在把握共同点的前提下，侧重于比较它们的不同点。这种比较在语文学习中运用得比较广泛。我们可以从四个方面展开比较：用词比较、技巧比较、文体比较、人物比较。

5. 体会哲理句含义

句子字面含义的解说；句子深层含义的解说，就是言外之意；结合上下文或全文理解哲理句的含义。

（二）每课知识点

1. 第18课《紫藤萝瀑布》

（1）关键句

从内容看，中心句是关键句，在说明文中它是集中揭示说明对象特征的语句，在议论文中它是点明主要观点的语句；从结构看，总起句、总结句和重要的过渡句是关键句，总起句、过渡句能显示文章内容的推进；总结句能概括文章基本内容。从出现频率看，反复出现的句子是关键句，它能表示强调的内容。总结来看，关键句通常指以下几种语句：其一，结构比较复杂，意思隐晦的难懂的句子。其二，使用了特殊的修辞格、内涵较为丰富的句子等。其三，揭示文章脉络层次的句子，即文中段首的总起句、段末的总结句以及过渡句等。第四，统摄全篇的句子，即人们常说的文眼或者揭示文章中心、主旨、观点、情感的句子。

（2）概括

段意综合法：这是最基本的概括文章主要内容的方法。一篇文章可以分为几个部分，每个部分都概括出该部分的主要意思，把各个部分的意思综合组织，就能归纳出主要内容了。

摘句归纳法：一篇文章需要反复比较分析，分清内容的主次，准确地抓住主要内容，抓住了这些关键词句和重点段落，文章的主要内容就容易归纳了。

文题扩展法：有许多文章的题目就已经高度概括了文章的主要内容。所以，我们可以根据课题扩展，使它的内容更加具体明了。课文的主要内容就自然而然地概括出来了。

（3）通感（多感官互通）

通感又叫"移觉"，是在描述客观事物时，用形象的语言使感觉转移，使人的视觉、嗅觉、味觉、触觉、听觉等不同感觉互相沟通、交错，彼此挪移转换，将本来表示甲感觉的词语移用来表示乙感觉，使意象更为活泼、新奇的一种修辞格式。例如，"你笑得很甜"，这就是通感。"甜"是用来形容味道的，这里却用形容味觉的词来形容视觉，就是通感。"微风过处，送来缕缕清香，仿佛远处高楼上渺茫的歌似的。"（朱自清《荷塘月色》）

（4）化静为动

化静为动是把静物显示出动态的一种表现手法。有以下几种：

动静结合，指在描写时既有动态描写，又有静物的描写，如《从百草园到三味书屋》"不必说碧绿的菜畦（静）……轻捷的叫天子从草间直窜向云霄（动）……"。

以动衬静，如"蝉噪林逾静"，以蝉鸣声来衬托林间的安静。

化静为动，如《社戏》"……淡黑的起伏的群山仿佛踊跃的铁的兽脊都远远地向船尾跑去……"，群山原为静态，此处说它向船尾跑，就是化静为动。

（5）物我交融

物我交融是借物写人的一种技法，用这种笔法写出来的文章，既是在写"物"，也是在写"我"——这里的"我"是作者自己。

2. 第21课《古代诗歌五首》

（1）古体诗与近体诗

古体诗是与近体诗相对而言的诗体，是唐代近体诗形成前，各种汉族诗歌体裁，也称古诗、古风，有"歌""行""吟"三种载体。四言诗，如《诗经》中的很多篇目，如曹操的《观沧海》等；五古，如《古诗十九首》；七古，如曹丕的《燕歌行》；杂言古诗，如李白的《蜀道难》和《将进酒》等。

（2）背景资料

背景资料是对人物、事件起作用的历史情况或现实情况；资料指可供参考作为根据的材料。所以阅读中的背景资料，指作为文章所反映的一定社会生活的具体历史情况和环境条件等方面的材料。

（3）意象

意象是指一种艺术形象，这些艺术形象在诗词中被成功地使用过一次以后，又被后来的诗人反复运用，并逐渐约定俗成，使这些形象被固定在一个或几个特定意义上。意象是诗歌中浸染了作者感情的东西，是诗人用来兴寄思想感情的人、物、景、事等。在中国古诗文中，常见意象一般具有约定的含义。

3. 第19课《一棵小桃树》

参看单元知识点。

4. 第20课《外国诗两首》

诗歌：最重要的文学体裁之一。艺术是生活的陌生化。与生活陌生化的动作叫"舞蹈"，与生活陌生化的图像叫"美术"，与生活陌生化的影像叫"电影"，而与生活陌生化的语言，叫"诗歌"。

三、"定量作业"设计

（一）引导性作业

预习作业（分课完成，共4次）：①反复朗读《紫藤萝瀑布》《外国诗两首》《古代诗歌五首》，默读《一棵小桃树》。②借助书下注释或查字典，整理本单元的生字词，并批注疑难字词的"解释"。③分析概括课文的主要内容、思想感情和写作特点。④看课后思考题，试着口头解答，并将疑难问题整理出来，也可以尝试自己提问。

作业目标：①定量：朗读5～10遍，整理生字词，要有重点、真正解决疑难。②能力：分析概括，敢于写出自己的理解。③习惯养成：学习反思，发现疑难。使用"双色笔"。

作业示例：《紫藤萝瀑布》。

生字词：忍俊不禁（rěn jùn bù jīn），意思是指忍不住笑出来。（注音并解释）

造句：那个笑话太有趣了，听了真叫人忍俊不禁。（造句或例句）

概括：《紫藤萝瀑布》以紫藤萝花入题，按照赏花、忆花、悟花的顺序行文，作者看到花儿由衰到盛，睹物释怀，使心中的焦虑和悲痛化为宁静和喜悦，并由此领悟了花和人虽各有各的不幸，但生命的长河无止境这一永恒

的哲理。（主要内容和思想情感）

写作特点：借景抒情，托物言志。（写作特点）

质疑：①书后题第三大题，如何理解"花和人……"的含义。（书后题）②如何理解文中"生死的疑惑"和"疾病的痛楚"？作者发生了什么事？（自己提问）

（二）形成性作业

1. 词语积累

问题：本单元的哪些词语让你印象深刻？请你抄下词语所在的句子，并批注你的感悟。

作业目标：①定量：关注动词和成语，积累5句话以上。②能力：分类总结，选词精彩。③习惯养成：字迹工整，使用"双色笔"。

作业示例：

①精彩"动词"（分类）。②花朵儿一串挨着一串、一朵接着一朵，彼此推着挤着，好不活泼热闹！（摘抄）③"挨着……接着……"写出花朵繁多紧密的样子，用动词"挨着""接着"写出花朵如同人一样紧密地挨在一起，与后面的"推着挤着"相呼应，写出藤萝花旺盛的生命力，一种乐观的精神深深打动了"我"。（批注）

2. 句子积累

问题：本单元的哲理句特别多，有的句子还成为"至理名言"，请你摘抄这些句子，并批注你的理解。

作业目标：①定量：关注"哲理句"，积累5句话以上。②能力：分类总结，选句恰当。③习惯养成：字迹工整，使用"双色笔"。

作业示例：

①面对困难与不幸（分类）。②花和人都会遇到各种各样的不幸，但是生命的长河是无止境的。（摘抄）③困难和挫折是一种常态，我们都会遇到。我们要学会接受生活的苦难与不幸。智慧的人会从大自然中得到启示。（批注）

（三）诊断性作业

1. 单元片段写作

（1）走进大自然

《紫藤萝瀑布》第二课时后完成：走进大自然，观察了解当地当季盛开的花是什么花，进行观察、拍照（要求分整体和局部特写，拍两张，标注姓名班级，上传至班级群）。写一段话，描写你拍摄的花。

作业目标：①定量：两张照片，一段话，100～200字。②能力：发散创新，化用本文写法，描写花朵的美。③习惯养成：从整体到局部观察事物，记录生活，学以致用。

作业示例：

 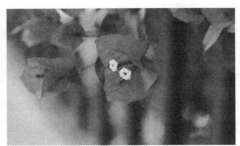

从未见过开得这样盛的三角梅，街旁的花墙上落满了一片又一片灿烂的紫色，像晚霞醉红了的脸庞。仔细看每一朵花，三片紫色的叶子拱卫着一朵白色的小花，那小花灿烂皎洁，如同紫色天空里的星星，吹着小喇叭，欢叫着，欢笑着。这红霞也好像看不见尽头，汇聚在一起，汇聚成一条生命的河。

（2）词语学用

写作情景：你的同桌这次数学没考好，你写一段话鼓励对方。限制：请在课后"读读写写"中任选三个词，运用于劝说的句子中。

作业目标：①定量：选用五个词，连写成一段话，字数不少于100字。②能力：应用交际，根据对象和场合，能文明得体地进行日常交流。③习惯养成：读写结合，练习书面表达。红色笔圈画出学用的"新词"。

作业示例：

选用词语：执着、渺小、轰轰烈烈。

小海，我看到你这次数学成绩不理想，你一定不要灰心。我的数学也没考好，在及格边缘徘徊快一年了，我都没放弃，你一定没问题的。王老师说："学习就是要执着，不放弃。"我觉得老师说得很对。我们要找准方向，不断努力。虽然一个生命很渺小，但我们要活得轰轰烈烈，像盛开的紫藤萝花一样，不负韶华。

2. 单元语法或修辞

（1）并列短语

问题1.下列短语中不是"并列短语"的是（　　　）

  A. 柴米油盐酱醋茶　　　　　B. 北京、上海、天津

  C. 努力学习　　　　　　　　D. 团结互助

  E. 艰苦朴素　　　　　　　　F. 我和他

  G. 半斤八两

问题2.下列短语中不是"并列短语"的是（　　　）

  A. 笔墨纸砚

  B. 讨论、通过

  C. 朴素、大方

  D. 饥荒，苛税，兵，匪，官，绅

  E. 又大又圆

  F. 边思索边劳动

  G. 学校附近

问题3.找出本段中的"并列短语"，并说说其构成。

  这里春红已谢，没有赏花的人群，也没有蜂围蝶阵。有的就是这一树闪光的、盛开的藤萝。花朵儿一串挨着一串，一朵接着一朵，彼此推着挤着，好不活泼热闹！

  作业目标：①定量：完成3道题，掌握并列短语的特点。②能力：发散创新，举一反三，运用汉语言文学规律丰富积累、拓展运用。③习惯养成：在阅读中进行短语分析，理解短语的组成和规律。

  参考答案及解析：

  问题1.选C。解析：A. 柴米油盐酱醋茶（名+名）；B. 北京、上海、天津（名+名，可以有标点"顿号"）；C. 努力学习（副词+动词——偏正短语）；D. 团结互助（动+动）；E. 艰苦朴素（形+形）；F. 我和他（代+代）；G. 半斤八两（数量+数量）

  问题2.选G。解析：A.笔墨纸砚（名+名）；B.讨论、通过（动+动）；C.朴素、大方（形+形）；D.饥荒，苛税，兵，匪，官，绅（名+名）；E.又大又圆（形+形，又……又……结构）；F.边思索边劳动（动+动，边……边……结构）；G.学校附近（学校的附近，修饰语+中心词，偏正短语）。

问题3. 蜂围蝶阵：名＋名；推着挤着：动＋动；活泼热闹：形＋形；彼此：代＋代。

（2）偏正短语

问题1. 请辨析下列偏正短语是由什么词构成的。

  A. 初一学生   B. 普通工人

  C. 三位老师   D. 光荣的岗位

  E. 渊博知识   F. 永远谦虚

  G. 遥遥领先   H. 愉快地答应

问题2. 选出下列短语中全是"偏正短语"的一项（ ）

  A. 祖国万岁 品质优良 天气晴和 思想品质

  B. 我的弟弟 我国文学 悠久历史 景物描写

  C. 看了两眼 打扫教室 洗得干净 热了起来

  D. 文化教育 语言文字 一朵茶花 千斤重担

作业目标：①定量：完成两道题，掌握偏正短语特点。②能力：发散创新，举一反三，运用汉语言文学规律丰富积累、拓展运用。③习惯养成：阅读中进行短语分析，理解短语的组成和规律。

参考答案及解析：

问题1. A. 初一学生（名＋名）；B. 普通工人（形＋名）；C. 三位老师（数量＋名）；D. 光荣的岗位（形＋的＋名）；E. 渊博知识（形＋名）；F. 永远谦虚（副＋形）；G. 遥遥领先（副＋动）；H. 愉快地答应（形＋动）。

问题2. 选B。解析：A. 祖国万岁（主＋谓），品质优良（主＋谓），天气晴和（主＋谓），思想品质（并列）；C. 看了两眼（动＋补），打扫教室（动＋宾），洗得干净（动＋补），热了起来（形＋补）；D. 文化教育（偏＋正），语言文字（并列），一朵茶花（偏＋正），千斤重担（偏＋正）。

（3）主谓短语

问题1. 分析下列主谓短语的词性构成，并总结规律。（前后成分之间的关系）

  A. 汽车行驶   B. 阳光灿烂

  C. 今天春节   D. 掌声阵阵

  E. 发言踊跃   F. 剪彩开始

  G. 肥胖危险   H. 八块一斤

问题2. 你来找一找，句子里包含的主谓短语。

　　A. 你可以过来就好了。

　　B. 我记得元旦是星期几。

问题3. 你来找一找，句子里的主谓短语。

　　A. 我紧张得心在怦怦地跳。

　　B. 你几乎吓得我半死。

问题4. 你来找一找，段落里的主谓短语。

花和人都会遇到各种各样的不幸，但是生命的长河是无止境的。我抚摸了一下那小小的紫色的花舱，那里满装生命的酒酿，它张满了帆，在这闪光的花的河流上航行。它是万花中的一朵，也正是一朵朵花，组成了万花灿烂的流动的瀑布。

作业目标：①定量：完成4道题，掌握主谓短语特点。②能力：发散创新，举一反三，运用汉语言文学规律丰富积累、拓展运用。③习惯养成：阅读中进行短语分析，理解短语的组成和规律。

参考答案及解析：

问题1. A. 汽车行驶（名词+动词）；B. 阳光灿烂（名+形）；C. 今天春节（名+名）；D. 掌声阵阵（名+量）；E. 发言踊跃（动+形）；F. 剪彩开始（动+动）；G. 肥胖危险（形+形）；H. 八块一斤（数量+数量）；规律：前者是被陈述的对象（主），后者是对前者行为动作、状态的陈述（谓）。

问题2. A. 你可以过来就好了。（做主语）B. 我记得元旦是星期几。（做宾语）

问题3. A. 我紧张得心在怦怦地跳。（补语）B. 你几乎吓得我半死。（补语）

问题4. 花和人（主）都会遇到各种各样的不幸（谓），但是生命的长河（主）是无止境的（谓）。我（主）抚摸了一下那小小的紫色的花舱（谓），那里满装生命的酒酿，它（主）张满了帆（谓），在这闪光的花的河流上航行。它（主）是万花中的一朵（谓），也正是一朵朵花，组成了万花灿烂的流动的瀑布。

（四）总结性作业

1. 第18课《紫藤萝瀑布》

课后第二题：根据括号中的提示，揣摩下面的语句，体会写景状物的妙处。

A. 每一朵盛开的花就像是一个小小的张满了的帆，帆下带着尖底的舱。船舱鼓鼓的，又像一个忍俊不禁的笑容，就要绽开似的。（化静为动）

B. 这里除了光彩，还有淡淡的芳香，香气似乎也是浅紫色的，梦幻一般轻轻地笼罩着我。（多感官互通）

C. 紫色的瀑布遮住了粗壮的盘虬卧龙般的枝干，不断地流着，流着，流向人的心底。（物我交融）

作业目标：①定量：赏析3句话，把握语言赏析的基本思路。②能力：批判赏析句子的思想内容和语言表达。③习惯养成：书写工整，条理清晰，分角度赏析句子。

参考答案：

A. "张满了的帆""船舱鼓鼓的""忍俊不禁的笑容"富有动态，将静态的花写"活"了，形象逼真地写出了花朵绽放的形态，充满了活力和情趣。

B. 花香本是嗅觉感受，而作者笔下的香气却是"浅紫色的"，是可以看见的视觉感受。这是运用通感的修辞手法，将嗅觉和视觉互通，使花香仿佛也有了颜色，写出作者面对紫藤萝瀑布的愉悦梦幻之感。

C. 本句表面写花，实则写作者的心境。"紫色的瀑布""流向人的心底"象征着作者内心的变化，作者将自己与眼前的花融为一体，内心的悲痛、疑惑仿佛随着花瀑流走，只剩下平静和喜悦。

课后第三题：结合自己的经历或见闻，谈谈你对"花和人都会遇到各种各样的不幸，但是生命的长河是无止境的"这句话的理解。

作业目标：①定量：理解文中的某句话的含义，能结合语境理解关键句的含义。②能力：领会理解重要词句的含义。③习惯养成：书写工整，条理清晰，有"语境"意识，能结合上下文理解词句含义。

参考答案：

表层：花和人都会遇到各种各样的不幸，但是不幸终究是有限的、暂时的，而生命的长河是无止境的；深层：我们不能被昨天的不幸压垮，应该像紫藤萝一样，以饱满的生命力和乐观积极的态度，投身到生命的长河中去实现人生的价值。

2. 第21课《古代诗歌五首》

课后第三题：古诗文中某些名句往往被后人反复引用，并衍生出新的意义。请解释下列诗句在原作中的意思，以及后来衍生的意义。

A. 会当凌绝顶，一览众山小。

B. 不畏浮云遮望眼，自缘身在最高层。

C. 山重水复疑无路，柳暗花明又一村。

D. 落红不是无情物，化作春泥更护花。

作业目标：①定量：积累古诗中的4个哲理句，理解其内涵变化。②能力：批判赏析传统文化和多元文化。③习惯养成：重视积累，把握名言警句的内涵。

参考答案：

A. 诗句原意：终要登上泰山的顶峰，俯瞰众山，众山就显得极为渺小。衍生意义：不怕困难，敢于攀登，才能俯视一切。

B. 诗句原意：不怕浮云遮住我远望的视线，那是因为我站在塔的最高层（站得最高）。衍生意义：掌握了正确的观点和方法，认识达到了一定的高度，就能透过现象看到本质，不会被事物的假象迷惑。

C. 诗句原意：山重峦叠嶂，水迂回曲折，正怀疑前面没有路，突然出现了一个柳绿花红的小山村。衍生意义：在困境中坚持下去，也许会出现豁然开朗的转变，世间事物是不断变化的。

D. 诗句原意：落花纷纷，不是无情飘洒，而是要化作春泥培育出更多的新花。衍生意义：多借指甘愿牺牲自我的无私奉献精神。

3. 第19课《一棵小桃树》

拓展阅读：

野 菊

曹柏青

① 金风飒飒，银霜沉沉。

② 秋阳艳丽，四野俱寂，霜枝无语。黄灿灿的野菊，丰满鲜嫩地伸展着，翠绿肥硕的叶子，像打开的伞架，支撑着金黄的花盘，在晚来的秋风中轻轻地摇曳。"天生傲骨差相似，撑住残秋是此花。"

③ 静读陶诗未终卷，又乘秋风观野菊。

④ 我穿行在馥郁的秋风里。我看见夕阳的车轮，向远方滚去。田埂旁，池塘边，土坡上，我诧异地看着这一簇簇金灿灿的野菊，满目秋艳，它默不

作声的美，依然震撼了我。苍凉人生，至情至性，有了野菊的映衬，人格人品的意味格外深长啊！秋来倾听菊语，雨霁捕捉竹籁。我的灵魂闪烁在秋阳、翠竹的光影婆娑中，我在细密的花纹中拣起人生的金子。

⑤ 野菊随地发，涢水逐门生。

⑥ 我怔怔地站在乡野中，俯河畔，仿佛一瞬间成了写意画中的背景。人在野菊丛，心随年轮走。从秋风寒霜中，我看到野菊的笑脸，一丛浓绿从脚底漫进我的心灵，我呼吸到野菊芬芳的气息；从奔跑的秋阳中，我看到它打在希望树枝上发出的银铃般声响。看一方水土，被一方水土营养，观秋野被故土野菊滋润。岁月复年轮，庭院深几许？遍野黄花，风骨霜艳无重数……沧桑观花花不语，枝头抱香秋千去。菊以它不争的从容开在晚秋，默契着思想者和隐士的情怀。<u>思想者的沉默如菊，也昭示着一种精神力量。而无知者的喋喋不休，却暴露出内心的苍白。</u>野菊寂寞而不失望，孤独但仍从容，这是野菊的涵养，也是野菊的风度。对野菊的钟爱，是我对庸俗社会关系的一种逆动，也是一种物我两化的冲动和实践，更是我心灵全部的最终皈依。境生情，情生心，心生境，人生与自然物象的完美契合。

⑦ 我看过很多野菊，在田野，在大路边，在树林中，在草丛里，到处都有耀眼的野菊花，但它们都开得很小，小得像一枚很不起眼的硬币。而我家老屋的篱笆上贫瘠泥土中的野菊花却开得如此灿烂、坦荡，给我一种惊奇。我如同喝下一杯积年陈酿，沉醉不已。

⑧ 我徜徉在篱笆墙的野菊中，这时，复杂变得简单，愉悦取代烦恼，虚伪回归真诚。我是乐意在这境地里筑茅庐而住的。

⑨ 野菊是花中的忍者，餐霜饮露，清淡素雅，幽冷隽异，甘苦自知。完美是一个极具诱惑力的口号，也是一个漂亮的陷阱。野菊花它不是招摇的，而是寂寞的，它在寒霜中美得朴素、执着、天然……

⑩ 我爱老屋篱笆墙的野菊，是向生命的高度冲刺，是贴近大地的呢喃细语，是对生命的繁茂与美丽的那份苦苦眷恋和期待。

⑪ 秋风瑟瑟，落叶飘飞。我爱的秋天是一种明艳的色彩，是一种深情的爱意，是一种舒适的淡香，是一种故土的温暖。那种感觉让人永远怀念。

问题1. 谈谈你对第⑥段中的画线句"思想者的沉默如菊，也昭示着一种精神力量。而无知者的喋喋不休，却暴露出内心的苍白"的理解。

问题2. 本文的语言典雅凝练，富有情趣，请从②～④段中找一句你喜欢的句子并进行赏析。

作业目标：①定量：对比阅读一篇散文，训练语言赏析和关键句含义的理解。②能力：领会理解重要词句的含义，批判赏析句子的思想内容和语言表达。③习惯养成：发现问题，补足短板，利用双色笔标注答案错漏。

答案示例：

问题1. 思想者有思维的深度，沉默内敛却有着影响别人的精神力量；无知者越是喋喋不休，越是显现出其思想的贫乏、内心的苍白。

问题2. 句子：黄灿灿的野菊，丰满鲜嫩地伸展着，翠绿肥硕的叶子，像打开的伞架，支撑着金黄的花盘，在晚来的秋风中轻轻地摇曳。赏析：这句话运用了比喻的修辞手法，将伸展着的野菊的叶子比作打开的伞架，生动形象地写出野菊在晚风中的摇曳之美，表现了作者对野菊的深深喜爱。

4. 第20课《外国诗两首》

班级围绕下面这首诗开展朗诵活动。活动中有一些问题，请你参与解决。

仰望星空，脚踏实地
沈卓尔

星空，流下了眼泪，
<u>灌溉了我的荒野，</u>
<u>野地里，开满了玫瑰；</u>
大地，洒下了希望，
＿＿＿＿＿＿＿＿＿＿，
＿＿＿＿＿，＿＿＿＿＿；
我的星空，我的大地，
都承载着我的梦想，
我的大地，我的星空，
都张开翅膀，准备起飞！
梦想，长出了翅膀，
在我的星空上翱翔，
翅膀上，闪烁着星光。

问题1. 在抄写的过程中，某同学故意空缺了两句，请你充分展开想象，仿照画线句子将它补写完整。

问题2.小香同学一直想当一名诗人，可投稿几次失败之后，就打算放弃这个梦想。请你结合诗意，写几句话，鼓励她执着地把自己的梦想坚持下去。

作业目标：①定量：对比阅读一首诗歌，学写诗歌并能学以致用。②能力：根据文本信息，联系生活，解决生活中的具体问题。③习惯养成：发现问题，补足短板，利用双色笔标注答案错漏。

答案示例：

问题1.示例：滋润了我的心田　田埂间　满载着春天

问题2.示例：小香同学，有了梦想就要为之奋斗并且执着地坚持下去，这样梦想才能变成现实。梦想，既然长出了翅膀，就让它在你的星空中翱翔吧，我相信你一定能行的！

第四章　阅读作业设计与实践

第一节　七下《活版》课后作业

珠海市第九中学　李　婧

【作业类型】

文言文阅读。

【课标要求】

阅读浅易的文言文，能借助注释和工具书理解基本内容。注重积累、感悟和运用，提高欣赏品位。

【作业目标】

能借助注释和工具书理解基本内容。

【作业内容】

情境穿越："穿越"到北宋康定年间（1040—1041）的都城汴梁，开一家活版印刷店。

①开业准备：准备什么东西？

②员工招聘：优先考虑怎样的人？

③员工培训：制活版的步骤有哪些？

④印刷产品：适合接哪些生意？为什么？（A.《静夜思》100份；B.《诗经》100部；C.《康定元年宋诗精选》100部；D.《东京邸报》100份。）

⑤经营心得：活版印刷的优势是什么？

【作业实施】

1.信息筛选类的问题，如问题①，要引导学生在文中圈点勾画。

2.问题②首先要引导学生仔细阅读原文，考虑技术层面的人员要求，还可以进一步引导学生补充对工作人员的品质要求。

3.问题③引导学生细读课文提取关键词，分析活版印刷的过程为制字、排版、印刷，再分析每个流程的具体工作。

4.问题④先引导学生判断四个选项的区别，关注文字量和时效性，再引导学生在阅读中提取关键信息——活版印刷的优势是什么。

5.问题⑤是在问题④的基础上总结的理性认识，先指导学生分析出活版印刷的核心优势是"活"，再提示由整体到局部，抓住关键语句分析每个步骤所体现的"活"。

【作业评价】

问题①评价：能答出胶泥、铁板、松脂、蜡、纸灰、铁范、平板、标签、木格，得A级；再答出柴火、草、刻刀等，得A+级。

问题②评价：在技术能力方面考虑全面，得A级；将技术能力和性格品质都答出，得A+级。

问题③评价：步骤齐全，得A级；条理清晰，层次分明，按制版的先后顺序作答，得A+级。

问题④评价：选出正确答案，并明确活版印刷的优势在于制版速度或以原文"若印数十百千本，则极为神速""更互用之，瞬息可就"为依据做出正确判断，得A级；在选出正确答案并能说明依据的基础上，还能判断出《静夜思》《诗经》并做出分析的，得A+级。

问题⑤评价：能答出制字活、排版活、印刷活、贮存活、拆版活，得A级；能先指出总体优势，又以原文为依据分析得出各个步骤的特点，得A+级。

【作业实践反思】

这次作业是情境创设的一次实践，优势在于能较好地激发学生的学习热情和创造力，有效地迁移课本知识，通过联想想象、分析比较、归纳判断等培养学生的思维能力。但是也要注意到，在教学实践的过程中，要时时提醒学生：思考不能过于脱离文章本意，信马由缰，没有依托。

【作业范例】

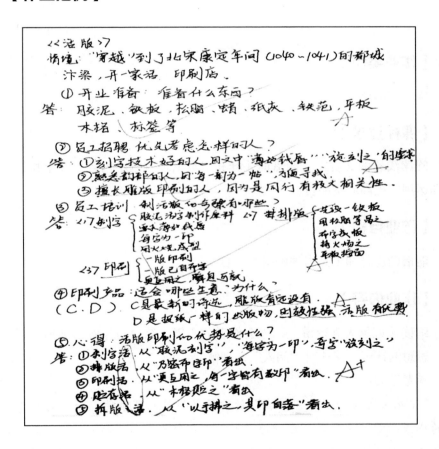

第二节　八上《记承天寺夜游》作业

珠海市第九中学　李　婧

【作业类型】

文言文阅读。

【课标要求】

阅读浅易的文言文，能借助注释和工具书理解基本内容。注重积累、感悟和运用，提高欣赏品位。

【作业目标】

能借助注释和工具书理解基本内容。

【作业内容】

细读《记承天寺夜游》，体会作者的心境。结合写作背景和你对苏轼生平、思想的认识，谈谈对"闲人"的理解。

参考答案：

《记承天寺夜游》中，"我"的心境是微妙而复杂的，贬谪的悲凉、人生的感慨、赏月的欣喜、漫步的悠闲，都包含其中。"闲人"既指二人的政治处境，即作为贬谪之人，无职无权，清闲无比，内心悲凉无可诉说；又指夜游时的心境，即空灵自在，悠游自如，故能欣赏到一派空明的景象。既含有自嘲、自慰之意——不能修齐治平，只好黉夜闲游赏月；又颇有自许的意味——此等美景，如果不是我们两个富有雅趣之人欣赏，岂不浪费？这又表现出一种达观的生活态度。苏轼的思想兼受儒、道、佛三家的影响，所以他往往能在逆境中自解自适，将人生的挫折化为审美的机缘。

【作业实施】

1. 有感情地朗读原文，抓住关键词句体会作者心境的复杂微妙。

2. 补充背景资料，了解苏轼的生平及思想特征。

3. 从作者写作时的人生境遇分析理解文章意旨中消极的部分。

4. 从游记本身记录的闲游赏月过程，及笔下美景体悟文章意旨中积极乐观的部分。

【作业评价】

1. 能准确答出作者遭遇贬谪的悲凉和逆境中的达观，得A级。

2. 能准确答出作者遭遇贬谪的悲凉和逆境中的达观，又注意到文章细节表现出的由美景带给作者的欣喜之情，以及能欣赏美景的自慰自许，得A+级。

【作业实践反思】

通过这次作业布置，发现在文言文理解中，作业引导非常重要，首先，要重视原文朗读，细品词句，从语言上总体体味作者心境。其次，对传统文化的资料补充要尤其重视，传统文学文化知识的匮乏是学生学习古文的主要壁垒之一。最后，在讲解过程中要有意培养学生达观的生活态度。

【作业范例】

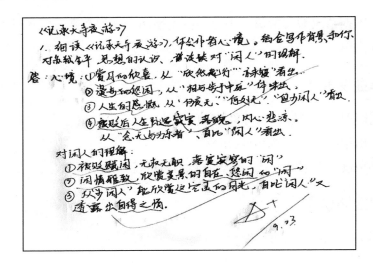

第三节 八下《阿西莫夫短文两篇》课后作业

珠海市第九中学 方 舒

【作业类型】

说明文阅读。

【课标要求】

在通读课文的基础上，厘清思路，理解分析主要内容，体味和推敲重要词句在语言环境中的意义和作用。

【作业目标】

在理解说明文内容的基础上，能准确分析说明方法及其作用。

【作业内容】

在《阿西莫夫短文两篇》中分别找出举例子、列数字、做比较的句子，并分析其作用。

【作业实施】

1. 精读课文，了解说明对象及说明方法。
2. 举出作业内容中要求的三个例子。
3. 必须按照答题的方式，带入文章内容进行具体分析。

【作业评价】

1. 90%以上的学生找得非常准确。

2. 能具体到个别句子、词来进行分析。

3. 答题过程非常详细。

4. 分析内容准确，没有想当然。

【作业实践反思】

这次作业是在第一次留相似课后题，却完成得不是很好的基础上的第二次作业巩固。效果明显比第一次好！实验班有12人得A+级，35人得A级，3人得B级，2人得C级。总体上，学生更加明确作业要求，在归纳总结内化课堂知识的基础上，有自己的思考，完成作业能力明显提高。

【作业范例】

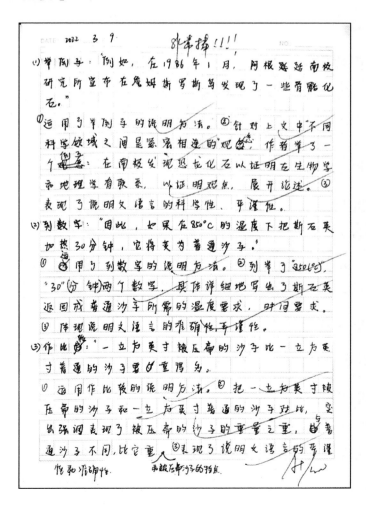

第四节 八下《社戏》课后作业

珠海市第九中学 方 舒

【作业类型】

小说阅读。

【课标要求】

1. 在通读课文的基础上，厘清思路，理解分析文章内容。

2. 初步领悟作品的内涵，从中获得对自然、社会、人生的有益启示。

3. 能从文章中提取主要信息，找到感点。

4. 根据对课文内容的理解表达自己的阅读心得，并能提出自己的看法。

【作业目标】

1. 理解《社戏》内容。

2. 能就文章内容找出印象深刻的段落、人物、词语、环境等。

3. 将自己感受最深刻的内容（感点）用文字表述出来。

【作业内容】

从《社戏》课文内容中，找到自己感受深刻的地方，用文字（感点）表述出来。

【作业实施】

1. 学习《社戏》这篇小说。

2. 根据第一次大作文"写读后感"的作文习作及批改讲评，学生了解了什么是读后感，读后感应该怎么写，并且了解构思读后感之前要确定感点。

3. 在课文中找到三处印象最深、感触最深的地方抄写或概括出来，并写出感点。

【作业评价】

1. 从批改情况来看，学生对"感点"的理解还是不够透彻，很多学生都将感点写成了文章内容分析，写出来的语句都是从文章本身出发，站在作者的角度分析，并不是自己的感悟。

2. 《社戏》是一篇小说，仍有一些学生将文章中的"我"写成作者。

3. 这次书写有进步，大部分学生书写可以拿到"优"。

【作业实践反思】

设置本次作业的目的一个是巩固《社戏》的文章内容，另一个是承接大作文习作讲评，让学生学会写读后感。本次作业得A级及A+级的学生不多，两个班都仅仅只有几个，大部分都得B级，少数学生得C级（三个全错、书写不过关），两个班共4个学生得D级（漏题）。通过这次小习作，我会再让学生写一次读后感，不过，这一次是我专门给一篇材料，让他们提炼感点，形成自己的文章构架。这与高中习作也有一个小小的对接。

【作业范例】

第五节　九下《孔乙己》课堂作业

珠海市第九中学　吴玩芬

【作业类型】

小说阅读。

【课标要求】

对作品中感人的情境和形象，能说出自己的体验；品味作品中富于表现力的语言。

【作业目标】

联系写作背景，回归文本，赏析人物形象。

【作业内容】

思考探究：孔乙己是一个怎样的人？结合课文中的具体描写，联系人物所处的社会环境，谈谈你的理解。

【作业实施】

1. 认真阅读助读材料，了解孔乙己所处的社会环境的特点。

2. 找出文中对孔乙己的具体描写，抄录并分析其体现的人物特点。

3. 结合背景资料，从整体上把握，并辩证分析孔乙己的人物形象。

【作业评价】

1. 能联系上下文，全面把握人物的思想性格，得B级。

2. 能抓住文中的具体描写，揣摩人物的内心情感，感受人物的思想性格，得A级。

3. 在1、2的基础上能结合背景资料及个人生活体验理解人物形象，得A+级。

【作业实践反思】

小说阅读离不开人物形象鉴赏，但是经过初中两年多的语文学习，不少学生在进行人物鉴赏时依旧存在以下问题：不能结合文本来概括人物形象，给人物"标签化""概念化"（套词），不能结合背景资料（创作主题）全面整体地分析人物，凭主观臆测只抓住某一点来随意拔高或贬低人物，不能使用概括性的词语仅是简单地摘抄文本中的描述或评述，等等。

在本次作业训练中，首先，给学生提供助读材料——写作背景，让学生对小说人物所生活的时代及作者的创作意图有初步的了解。其次，提供赏析角度范例及方法指导，强化学生回归文本的意识，规范赏析的语言。

通过这次作业，学生能在小说情节发展中把握人物形象特点，能结合人物所处环境、身份、地位、经历等来赏析人物形象，筛选及整合信息的能力也大大提高。全班53名学生，得A+级的有18人，得A级的有20人，得B级及以下的有13人，2人因能力原因未完成该作业。

【作业范例】

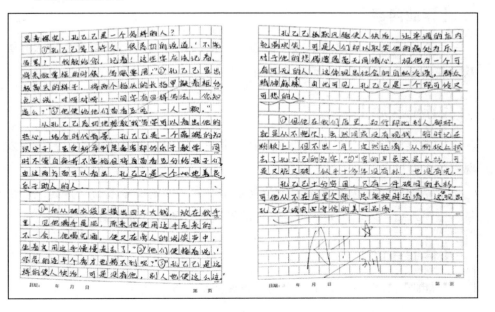

中篇　定量作业的设计与实践

第六节　九下第十四周阅读课后作业

珠海市第九中学　吴燕文

【作业类型】

文言文阅读。

【课标要求】

注重积累、感悟和运用，提高欣赏品位。

【作业目标】

能围绕"国家"这个话题，梳理文言文并画出思维导图。

【作业内容】

结合本次文言文复习话题"国家"，梳理相关篇目内容并对各基本要素及重点内容进行归类，形成思维导图。

【作业实施】

1. 通过课堂复习，你能理解文言文中的"国家"的基本要素吗？你能发现贯穿于篇目中的家国情怀吗？

2. 请根据"国家"这个主题及其基本要素，厘清文章篇目，探讨人物形象、主题思想、谋篇布局、语言特色的异同点，画出思维导图。

【作业评价】

1. 能画出思维导图，重点突出，条理清晰，评为优秀。

2. 能画出思维导图，条理比较清晰，评为良好。

3. 卷面美观，应多鼓励，提升一个等级。

【作业实践反思】

这次作业的设计，是基于学生复习中的零散性、无法形成系统的问题而设计的。本作业通过课堂的讲解及学生课后的梳理、归纳、总结，真正落实了知识向能力的培养，使学生的学习更系统、科学。

作业反馈，大部分学生在文言文的复习上思路更清晰了，重点也更突出了，学生反映这样的作业训练有利于举一反三，遇到类似内容的文言作品时有了抓手，没那么慌张了。

从思维导图作业的反馈看，词汇积累不够还是制约学生提高的重要瓶颈，教师还要多引导学生进行有意识的词汇积累。

实验班20人评为优秀，进步提升等级的有15人。普通班优良率也提升了5%。

【作业范例】

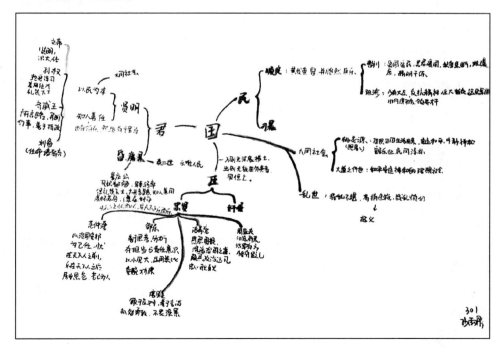

中篇 定量作业的设计与实践

第七节　九下《海燕》课后作业

珠海市第九中学　黄晓潢

【作业类型】

散文式阅读。

【课标要求】

欣赏文学作品，有自己的情感体验，初步领悟作品的内涵，从中获得对自然、社会、人生的有益启示。对作品中感人的情境和形象，能说出自己的体验；品味作品中富于表现力的语言。

【作业目标】

品味作品中富于表现力的语言。

【作业内容】

品味下列语句，说说它们使用了什么修辞手法，有怎样的表达效果。

① 在乌云和大海之间，海燕像黑色的闪电，在高傲地飞翔。

② 海鸭也在呻吟着，——它们这些海鸭啊，享受不了生活的战斗的欢乐；轰隆隆的雷声就把它们吓坏了。

③ 看吧，狂风紧紧抱起一层层巨浪，恶狠狠地把它们甩到悬崖上，把这些大块的翡翠摔成尘雾和碎末。

④ 暴风雨！暴风雨就要来啦！

参考答案：

① 这一句运用比喻和拟人的修辞手法。"黑色的闪电"比喻精确、传

神，寥寥数字展现了海燕矫健、勇猛的雄姿并且给海燕活动的背景增添了一点亮光，使人从海燕身上看到光明和希望。"高傲地飞翔"总写海燕的行动，"高傲"赋予海燕人的性格，是拟人的写法。这一句从形、色两方面突出了海燕勇猛、善战的姿态。

② 这一句运用拟人的修辞手法。"呻吟""吓坏"等词，赋予海鸭人的声音、动作和情感，写出了海鸭的恐惧、胆怯，与英勇的海燕形成鲜明对比。

③ 这一句运用比喻和拟人的修辞手法。"抱""甩""摔"几个动词的连用，以及"恶狠狠"的神态刻画，赋予狂风人的性格，写出了风的猖狂的气焰。把巨浪比作"大块的翡翠"，突出海浪中蕴蓄的力量，也烘托出风的猖狂和凶狠。

④ 这一句运用反复的修辞手法，强化了海燕作为预言家的极度兴奋欢快之情，号召人民起来迎接暴风雨。

【作业实施】

1. 认真听课，积极思考。

2. 本文运用多种修辞手法极大地增强了文章的艺术性。结合具体语句，进行品味赏读。

【作业评价】

能从修辞手法的角度，并以此为切入口，结合作品的象征意义和思想感情，赏析句子的表达效果，评为A+级；能从修辞手法的角度进行品读，评为B级以上；没有认真审题，不是从修辞手法的角度切入，但能结合作品的象征意义和思想感情进行赏析，评为C级；没有赏析修辞手法，也脱离文本，评为D级。

【作业实践反思】

在学情方面：品读句子，赏析表达效果，是语文测试中的考点，初三的学生能掌握一定的赏析技巧，但部分同学没有按照题目的限定"使用了什么修辞手法"进行赏析，所以仍需加强培养学生认真审题的答题习惯。

在作业布置中存在的问题：没有限制赏析的字数，给学生留下更多的答题空间。但学生答题时容易把赏析简单化，有部分学生无法从描写中联系到作者写出了怎样的海燕以及背后的意义，从而让老师意识到教读作品时，要更注重将作品读深、读透。

【作业范例】

Date. / /

1. 在乌云和大海之间，海燕像黑色的闪电，在高傲地飞翔。

运用比喻的修辞手法，将海燕比作"黑色的闪电"，生动形象地写出了海燕身姿矫健，疾如雷电；"高傲地飞翔"运用了拟人的修辞手法，体现了海燕在乌云和大海之间高傲、无畏的姿态。

2. 海鸭也在呻吟着，——它们这些海鸭啊，享受不了生活的战斗的欢乐：轰隆隆的雷声就把它们吓坏了。

运用了拟人的修辞手法，将海鸭人格化，"呻吟""吓坏了"写出了海鸭在风浪和雷电前胆怯、退缩的神态，象征着惧怕革命者在革命与战斗前的懦弱与无能，表达出作者对像海鸭一样的人的嘲讽与鄙夷，反衬出像海燕一样的革命者的勇敢。

3. 看吧，狂风紧紧抱起一层层巨浪，恶狠狠地把它们甩到悬崖上，把这些大块的翡翠摔成尘雾和碎末。

运用比喻和拟人的修辞手法，将狂风人格化，"紧紧抱起""恶狠狠"生动形象地写出了风暴来势凶猛，难以抵挡；将海浪比作"大块的翡翠"，"摔成尘雾和碎末"夸张地写出暴风雨的猛烈，环境的恶劣，侧面烘托出在乌云和风浪中穿行的海燕的英勇与无所畏惧，表达作者对革命者的敬佩。

4. ——暴风雨！暴风雨就要来啦！

运用反复的修辞手法，两次强调暴风雨即将来临，突出地表现了汹涌浪潮将至的危机感与紧迫感，暗示一场推翻沙皇黑暗统治的工人运动将拉开帷幕，与暴风雨作战，动摇沙皇的统治，体现海燕的知难而上，革命者对工人运动的斗志昂扬，对困难与压迫的反抗精神。

第五章　写作作业的设计与实践

第一节　九下第六周作文课后作业

珠海市第九中学　吴燕文

【课标要求】

注重写作过程中搜集素材、构思立意、列纲起草、修改加工等环节，提高独立写作能力。

【作业目标】

明确描写的作用，掌握描写的方法。

【作业内容】

结合本次作文讲评课重点——描写的作用及如何描写，升格半命题作文"为校园的＿＿＿＿点赞"。

【作业实施】

通过课堂的讲评，你能区分叙述与描写吗？

叙述侧重对人物、事件的介绍和交代，使之清楚明白；描写侧重对人物、事件、环境、事物进行描绘与刻画，使之传神，历历在目。

简言之：叙述是纵向延伸，侧重时间感。描写是横向拓展，侧重空间感。

描写按内容可分为人物描写与景物描写。

人物描写包括动作、神态、外貌描写等；景物描写方法有感官、虚实、白描、工笔等。（明确：语言；心理；动静；正侧）

请在厘清叙述的条理的基础上，运用恰当的描写进行文章的修改升格。

【作业评价】

1. 叙述条理清晰，运用恰当而丰富的描写表现中心，详略得当，评为优秀。

2. 叙述条理清晰，运用多样的描写表现中心，评为良好。

3. 叙述条理比较清晰，运用描写能基本表现中心，评为合格。

4. 较作文初稿，有明显进步的，应多鼓励，提升一个等级。

【作业实践反思】

这次升格作文作业，基于作文评改中学生凸显的问题：第一，记叙文中叙述与描写比重处理问题。很多学生流于叙述，易写成流水账，文章寡淡无味，无法突出文章的中心。第二，描写缺乏个性化、合理化、多样化，从而使描写呈现盲目、无序、无效，不能突显文章中心。

因此，本周的作文讲评课，着重结合学生具体例子进行问题的寻找与方法的指导，让学生比较直观深刻地关注自身作文存在的问题，同时秉承课堂教学与课后作业设计一致性原则，布置了升格作文的作业。

通过作业情况反馈，大部分学生重视自己的写作现状并表现出寻找能提升自己写作能力的方法的积极性，在作业中，积极尝试运用恰当而丰富的描写来突出中心，并多次与老师就升格的作文进行交流及修改。

实验班15人优秀，24人良好，进步提升等级的有8人。普通班9人优秀，15人良好。

改进措施：第一，下周作文讲评的重点为如何抒情与议论。第二，加大对有潜力学生的作业面批力度。

【作业范例】

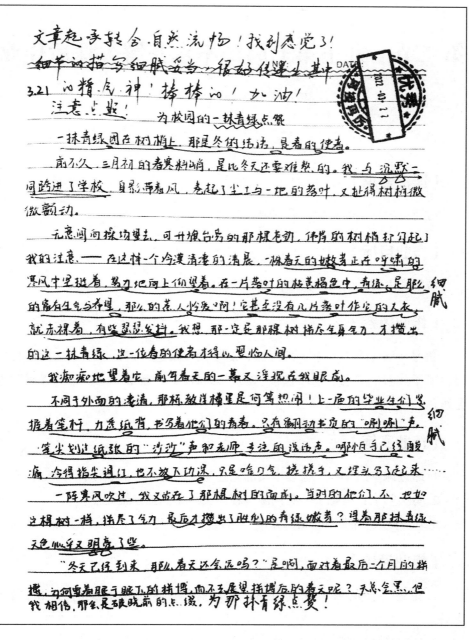

文章起承转合,自然流畅!找到感觉了!
~~细节的描写细腻妥当~~,很好!传递出其中
3.21 的精气神!棒棒的!加油!
注意点数!

为校园的一抹青绿点赞

　　一抹青绿团在树梢上。那是冬的结束,是春的使者。

　　前不久,三月初的春寒料峭,是比冬天还要难熬的。我与沉默一同跨进了学校。身影带着风,卷起了尘土与一把的落叶,又扯得树梢微微颤动。

　　无意间向操场望去,司升旗台旁的那棵老劲,伴青的树梢却引起了我的注意。—— 在这样一个冷漠清凄的清晨,一株春天的嫩芽正在呼啸的寒风中里挺着,努力地向上仰望着。在一片落叶的枯黄褐色中,青绿,是那么 **细腻** 的富有生气与希望,那么的若人怜爱啊!它甚至没有几片落叶作它的大衣,就赤裸着,有些瑟瑟发抖。我想,那一定是那棵树揣尽全身气力,才攒出的这一抹青绿,当一位春的使者才降临到人间。

　　我痴痴地望着它,前句春天的一幕又浮现在我眼前。

　　不同于外面的凄清,那栋教学楼里是何等热闹!上一届的毕业生们紧握着笔杆,力透纸背,书写着他们的青春。只有翻动书页的"唰唰"声 **细腻** ,笔尖划过纸张的"沙沙"声和老师专注的说话声。哪怕自己已经酸痛,冷得指尖通红,也不放下功课,只是哈口气,搓搓手,又埋头写了起来……

　　一阵寒风吹过,我又站在了那棵树的面前。当时的他们,不,也如这棵树一样,揣尽了气力,最后才攒出了那抹的青绿嫩芽?望着那抹青绿,天色似乎又明亮了些。

　　"冬天已经到来,那么,春天还会远吗?"是啊,面对着最后一个月的拼搏,为何不着眼于眼下的拼搏,而不去展望拼搏后的春天呢?天色全黑,但我相信,那会是破晓前的点缀。为那抹青绿点赞!

第二节 九下第七周《不求甚解》课后作业

珠海市第九中学 吴玩芬

【课标要求】

写简单的议论性文章，做到观点明确，有理有据。

【作业目标】

借鉴课内文章的写作方法，学写简单的议论文。

【作业内容】

学习文章《不求甚解》的写法，对下列成语进行辩证分析，运用求异思维，赋予其新的立意。（二选一）①"见风使舵"新解。②"班门弄斧"也无妨。

【作业实施】

1.通过课堂的学习，梳理本文的论述角度、写作方法和论证思路。

2.写法归纳：树靶子→溯词源→释新义→举例证→结观点。

3.在"见风使舵"和"班门弄斧"中任选一个，展开议论，赋予其新的立意。

【作业评价】

1.论述条理清晰，观点明确，有理有据，能借鉴原文的写法，给予优秀。

2.论述条理清晰，观点明确，但缺乏必要的论据，评为良好。

3.能写出自己的观点，逻辑条理较混乱，评为合格。

【作业实践反思】

在日常的考试作文中，不少同学都会尝试写议论文，但总会存在"假""大""空"等问题，论点不明确，议论无条理，论述无逻辑，基于此，在学习第四单元议论文的时候，选择合适的文章作为借鉴的范本，以此来提高学生写作议论文的能力。

这次作业中，大部分同学能模仿原文的写法，逐层论说，赋予所选的词语以新意，但仍存在论据不符、论点模糊、逻辑混乱等问题。学生普遍反映论据搜集困难（因之前没有这方面素材的积累），不知道一材可多解。

通过作业，对议论文的写作有更清晰的认识，能基本掌握议论的结构与方法。实验班优秀15人，良好33人，合格5人。

【作业范例】

中篇　定量作业的设计与实践

第三节 九下第十周作文课后作业

珠海市第九中学 吴燕文

【课标要求】

注重写作过程中搜集素材、构思立意、列纲起草、修改加工等环节，提高独立写作能力。

【作业目标】

明确作文中联想、想象的合理性。

【作业内容】

结合本次作文讲评课重点——作文中联想、想象的合理性，升格大练习作文。

附作文题：

如果你得到一个神奇的控制器，可以让时间放缓、快进、后退和暂停，你会在什么情况下使用？使用后会发生什么事情？请你以"此刻，我按下时间控制器"为开头，发挥想象，写一篇故事。题目自拟。

要求：①请将作文题目写在答题卡上。②作文内容积极向上。③600～800字。④不要出现所在学校的校名或师生姓名。

【作业实施】

1.通过课堂的讲评，你能理解作文中联想与想象的区别及意义吗？

2.请在厘清叙述条理的基础上，运用恰当的联想与想象进行文章的修改升格。

【作业评价】

1.叙述条理清晰，运用恰当的联想、想象、描写生动地表现中心，详略得当，评为优秀。

2. 叙述条理清晰，运用联想、想象、描写表现中心，评为良好。

3. 叙述条理比较清晰，运用联想、想象、描写能基本表现中心，评为合格。

4. 较作文初稿，有明显进步的，应多鼓励，提升一个等级。

【作业实践反思】

这次升格作文作业，基于作文评改中学生凸显的问题：第一，作文中的想象未以现实为依托，不合乎情理。第二，想象的内容不够具体生动，感情不够真实。第三，想象缺乏个性和创意，此次作业旨在让学生明确想象的合理性及怎样进行合理的想象。通过本周作文讲评课，让学生能直观深刻地关注自身作文存在的问题，同时，秉承课堂教学与课后作业设计一致性原则，布置升格作文的作业。通过作业情况反馈，大部分学生对作文中想象的合理性及如何运用有了比较深刻的认识并积极尝试运用，提升自己的写作能力，并多次与教师就升格的作文进行交流及修改。实验班20人优秀，15人良好，进步提升等级的有12人。普通班优良率也提升了5%。改进措施：继续加强作文的面批与学生的分层指导。

【作业范例】

第四节　九下第十五周写作指导课后作业

珠海市第九中学　吴玩芬

【课标要求】

多角度地观察生活，发现生活的丰富多彩，能抓住事物的特征，为写作奠定基础。

【作业目标】

抓住人物特点，通过具体的描写，凸显人物形象。

【作业内容】

结合本次作文指导重点——写人突出人物的"神"，在记事中突出人物的"神"，观察教室板报照片中的人物，描写出人物的特点。

【作业实施】

1. 观看《写作要抓住特点》微课，学习人物描写小技巧。

2. 以某位同学为模特，进行现场写作训练，教师投影学生文段加以指导。

3. 观察教室板报中班主任的形象，抓住其特点进行描写。

【作业评价】

1. 通过衣着、神态、外貌等描写，能写出文中人物区别于他人的独特之处，评为良好。

2. 在1的基础上，能补叙其他事例，使人物形象更丰满，评为优秀。

3. 主次颠倒，大篇幅陈述自己对人物的评价，没有描写，评为不合格。

【作业实践反思】

1. 通过本次训练，学生能有意识地抓住人物特点展开描写，写出人物的"神"，不再似以往泛泛而写。

2. 能通过记事来表现人物的"神"（精神品质），但事件的选取仍不够典型，需在后续的作文课中再进行选材的指导。

3. 实验班优秀28人，良好18人，不合格7人。

【作业范例】

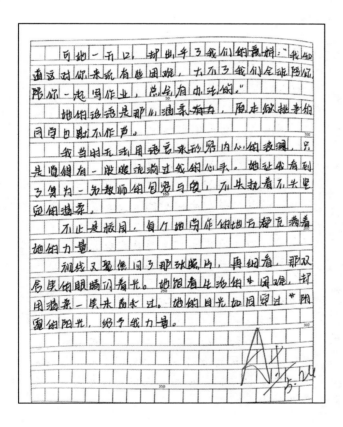

下 篇

研究的推广与反思

让文化遗产与浪漫的生活相遇

——《身边的文化遗产》作业设计讲座

珠海市第九中学　吴燕文

时间：2021年10月27日。

地点：珠海市文园中学一校区一楼云教室。

主题：珠海市初中语文"明珠课堂"教学研讨暨广东省初中语文学科教研基地（珠海）学教评一体化研讨活动。

各位老师，大家好！很高兴有这个机会与大家一起交流。此次我交流的主要内容是八年级上册第六单元综合性学习《身边的文化遗产》的作业设计，我将主题定为《让文化遗产与浪漫的生活相遇》。

对于珠海，很多人第一时间会用"浪漫"来形容。婀娜多情的渔女、蜿蜒旖旎的情侣路、风情绰约的日月贝……

但实际上，早在五千多年前，这里已有人类生活的足迹，这里是广府人走向海外的重要起航点，这里曾引领中国近代化，这里有着不息的革命精神……

丰富的文化遗产承载着珠海人的人文精神、文化品格，让浪漫的珠海拥有了浓厚的历史文化底蕴。对这些文化遗产的研究，可以从不同的领域展开。而八年级上册第六单元的综合性学习《身边的文化遗产》，则是从语文的角度让我们走近身边的文化遗产。

语文课程是一门学习语言文字运用的综合性、实践性课程。而综合性学习主要体现为语文知识的综合运用、听说读写能力的整体发展、语文课程与其他课程的沟通、书本学习与生活实践的紧密结合。

李海林老师在《语文综合性学习的意蕴分析与活动设计》中也提道："综合性学习的边界是语文""组织语文综合性学习的关键是要处理好语文学科和其他学科的关系""应该将焦点放在阅读、写作和口语交际方面。"

所以本次的作业设计，也从语文的角度出发，根据语文学科性质，落实听说读写能力的整体发展，强调综合能力、实践能力等能力的培养，注重与生活的结合。

此外，由于文化遗产对学生来说是比较陌生的概念，学生对此了解多少，根据此次综合性学习内容需要落实的知识点、能力点，学生具体的储备怎样，我们需要做一个初步的了解以便确定学习目标。所以我们做了一个学情调查问卷。

亲爱的同学，我们即将开启一段美好浪漫的学习之旅，它将会为你打开一个非富多彩的世界，在学习之前，我们将了解一下你的情况，以便为你量身定制，让你享受超级VIP的待遇，请如实地回答以下问题：

（1）你了解文化遗产吗？

（2）你知道珠海有哪些文化遗产吗？请列举至少三项。

（3）衣食住行，你最喜欢的是哪一项呢？为什么？

（4）你最感兴趣的业余爱好是什么？为什么？

（5）对于调查报告、推荐词、主持语的具体要素及格式，你了解吗？

综合语文课程性质、综合性学习的特点及学生的学情，我们制定了本次综合性学习的学习目标：

1. 了解"文化遗产"及珠海的文化遗产。

2. 通过收集珠海的文化遗产的有关信息，积极参加有关文化遗产的推荐、评选、撰写申请报告等各项活动，培养语文综合实践能力。

3. 认识保护文化遗产的意义，增强继承和弘扬中华民族优秀传统文化的意识。

以目标为导向，作业的设计的着眼点是：落实学习目标中知识的掌握、能力的培养、习惯的养成、情感价值观的引领。那么，具体作业的设计要注意些什么呢？

长期以来，我们往往将作业的功能定位于知识的巩固与技能的强化，再加上"应试"的指向，导致作业陷入机械重复、单调封闭的误区，从而使相当一部分学生对作业疲于应付，收效甚微。而"双减指导意见"的颁布，对作业的指导意见，让我们所有一线教师重新对作业进行思考与定位。该怎样设计我们的作业，让我们的学生提趣减负增效，实现最佳的效果呢？我查阅了一些资料，很多的资料都在探讨作业设计要求注重趣味性、科学性、层次性、情境性、实践性、综合性……这是十分值得学习借鉴的。而在这其中，有几个要素，结合当前的学情，我觉得应该可以先从趣味性、科学性、层次性、情境性四个方面进行琢磨。

兴趣是学习的调节剂，它便于激发储存在学生内心的力量。我们要把听说读写与游戏、参观、情景剧等多种形式相结合，把知识、技能的训练及作业的减负相结合，把创新能力的培养和智能的开发与活动联系起来，让作业富有趣味、吸引力。作业的科学性要求其设计应有利于培养学生各方面的能力，符合学生身心发展特点，切忌揠苗助长。每一个学生都是学习的主人，但尺有所短寸有所长，每个人的学习能力都有不同，应注重层次性。

而情境教学一直有很多人在探讨，如李吉林老师倡导的情境教学研究——"创设情境""代入情境""运用情境""凭借情境"，将知识、能力、智力、情感等综合起来进行教学。

课标中也强调语文的外延即生活。李海林老师指出："真正的生活中的语文都是综合性的，语文综合性学习主要是让语文返回真实的世界。"结合课程标准指出，考试、测评题目应以具体的情境为载体，以典型的任务为主要内容。《中国高考评价体系说明》则指出情境正是实现这种"价值引领、素养导向、能力为重、知识为基"的综合考查的载体。情境化不仅是教学，也是考试的必然趋势。

所以，基于此，我尝试在本次的具体的作业中融入这些要素，同时，依据作业的功能及学生的学习时段设计将作业分为以下几类。

第一，引导性作业，主要为学生提供学习背景知识的机会。基于此，在作业中确定了以下任务及能力习惯培养点。①任务：完成探究主题的确定、资料收集、见闻的记录及攻略的制作。②能力：培养应用、交际、解决问题、策略应用等实践能力。③习惯：养成查找引用资料，能合理利用图书馆、网络等资源的习惯。

具体作业设计：

周末，我们去哪儿？

亲爱的同学们，美好的周末生活即将开始，与知己好友相携同行，享受一段浪漫惬意的周末时光不失为一件乐事。

珠海是一座浪漫的海滨城市，除了我们耳熟能详的日月贝、渔女、情侣路，其实还散落着很多具有浓厚历史文化底蕴的文化遗产，它们静静地诉说着浪漫的珠海往事，让我们在美好的周末开启诗意浪漫的旅程吧！

A项：我的旅行，我做主。

探寻珠海"非遗"文化遗产	寻味之旅：唐家湾茶果、横山鸭扎包、淇澳银虾酱、虎山金巢琵琶鸭、大赤坎明火叉烧烧排骨、横琴蚝……
	传统习俗：三灶鹤舞、前山凤鸡舞、斗门水上婚嫁、鸡山牛歌、淇澳端午祈福巡游、佛家拳……
探究海洋文明下的珠海文化遗产	宝境湾遗址、东澳湾沙坑遗址、后沙湾遗址、三灶草堂湾沙丘遗址、淇澳祖庙、会同村……
探究珠海近代历史名人文化遗产	陈芳家寨、苏兆征故居、唐家共乐园、容闳故居遗址、愚园、古元故居、苏曼殊故居……
探究珠海近代革命历史文化遗产	兴业第一国民学校遗址、神社遗址、万山海战遗址、淇澳岛抗英遗址、拉塔石炮台、桂山舰烈士陵园、桂山岛解放万山群岛登陆点、甄贤社学旧址、三灶万人坟……

B项：旅行中的发现。

可以记下旅行中看到、听到的与文化遗产相关的人、事、景；可以学习方言、民歌等特色文化，也可以记录下感受或思考，回校后与同学交流。

要求：①从A项和B项中选1至2个题目收集材料。②制作一份旅行攻略，图文并茂。

第二，形成性作业，主要为教师要注重学生对内容、技能和过程理解程度的信息和持续的反馈。基于此，在作业中确定了以下的任务及能力习惯培养点：①任务：完成关于照片后的故事的述说及评价。②能力：培养应用、交际的实践应用能力及发散创新、批判赏析、内化完善等创新迁移能力。③习惯：培养点滴积累、日常写作的习惯。

具体作业设计：

照片后动人的故事

请同学们依据学号顺序在班级文化栏每天更新一张关于"珠海文化遗产"的具有特色的照片，并附上300字讲述关于照片的故事。请其他同学在留言栏留下真知灼见。

照片：	故事：1833年，英国侵略者擅自将鸦片趸船停泊在淇澳岛西面的金星门，骗来一批"猪仔"充当鸦片搬运的劳工。他们还经常对淇澳岛进行骚扰、入村盗窃抢劫、调戏妇女，激起淇澳村民的愤怒。后来，事态甚至发展到英国侵略者发动鸦片武装船队炮击当地村民宗祠和天后庙，淇澳村村民忍无可忍，利用宗祠前的铁炮和土炮奋起反击，最终将英国侵略者打退，并让英国侵略者赔偿白银近三千两。
留言栏	生1：淇澳村民抗英禁烟的英勇行为，让我感受到中国人民勇敢无畏、不屈不挠的精神。
	生2：苟利国家生死以，岂因祸福避趋之。
	生3：铭记历史，勿忘毒害。

第三，诊断性作业，作用是在进入学习单元时，确定和评估学生的知识和技能。基于此，我们在作业中确定了以下的任务及能力习惯培养点。①任务：完成对"珠海文化遗产"传承创新等的思考、推荐语、开场白的撰写。②能力：培养信息提取、分析概括、领会理解的学习理解能力，应用、交际、解决问题的实践运用能力及发散创新、批判赏析、内化完善的创新迁移能力。③习惯：培养独立思考、大胆质疑、敢于提出自己的观点的习惯。

具体作业设计：

（1）广东有俗语叫"鸡同鸭讲，眼碌碌"，字面意思为鸡和鸭讲话，语言不通。后形容两个人所讲并非共同语言，无法沟通。下面是一对母女和一对父子的微信对话，围绕的话题是"珠海文化遗产"，请你仔细阅读，就话题的内容提出你的思考并提出3条有针对性的建议。

话题一：喜迎中秋，"鸡山牛歌中秋对歌会"筹备宣传工作进行得如火如荼。小珠的妈妈届时想带女儿感受对歌的魅力，以下是她们母女的微信对话，你有怎样的思考呢？

A：女儿，明晚带你去听现场演唱会？

B：好啊！谁啊？

A：鸡山牛歌。

B：这是什么？

A：珠海本地民歌，一年一度，很有意义。

B：不去，这是你们中老年人的爱好……

话题二：国庆档有很多爱国题材的电影扎堆上映，点燃了中国人的爱国热情。为了让孩子牢记历史，学会感恩与珍惜，懂得责任与担当，周末，小海的爸爸决定带孩子参观珠海的革命历史遗址，以下是父子两人的对话，你有怎样的思考？

A：儿子，咱周末去淇澳岛或三灶玩？

B：玩什么？

A：看看一些革命历史遗址。

B：不去，就一些断壁残垣的，不如去游乐场……

（2）古诗有云"养在深闺人未识"，指古时少女在成人之前，居于闺房之内，不抛头露面，不与外界接触。许多的文化遗产，不为世人所知时就如这闺阁少女。现在我们积极地进行珠海文化遗产的推荐活动，请你结合以下阅读资料，为珠海的唐家湾古镇写一则推荐语吧！

资料：唐家湾古镇面朝伶仃洋，背靠凤凰山，先秦起已有人类在此居住，人口从唐代开始逐渐迁入，宋代形成村落，明嘉靖时期，葡萄牙强占澳门后，唐家湾悄然打开了让国人了解世界和向外拓展的窗口。在此之后，许多乡人渐渐学会了外语，并当起了外国商人在华进行采购和销售货物的中间人——买办。清末民初，西学东渐，唐家湾得风气之先，商贸繁盛，崇文重教，于是这里不但成了名副其实的"买办之乡"，还走出了众多中国近代化进程中的伟大先驱，从而使唐家湾声名鹊起，如中国共产党员早期领导人之一、中国工人运动的先驱和领袖苏兆征，民国首任内阁总理唐绍仪，清华大学首任校长、著名教育家唐国安，洋务运动先驱唐廷枢，著名版画家古元、中国第一位留英医学博士黄宽，等等。古镇存留着不少古建筑，大多数是清朝时期所建，保存了大量的木雕、砖雕、灰雕及壁画，甚至还夹杂了中西合璧的建筑风格。

（3）下周二将举行《身边的文化遗产》申遗答辩会，小A当选了本次的主持人，为此，他积极地准备，但此刻的他正为主持时的开场白而头疼。因为"好的开始是成功的一半"，一场精彩的活动，离不开精彩动人的开场白，请你帮他写写开场白吧!

第四，总结性作业，作用是评价学生展示知识和技能的能力，并提供机会，使他们能在新的和特殊的情况中运用技能。基于此，我们在作业中确定了以下的任务及能力习惯培养点。①任务：完成申请报告的撰写及"文化遗产保护的认识和思考"的习作。②能力：培养信息提取、分析概括、领会理解的学习理解能力，应用、交际、解决问题的实践运用能力及发散创新、批判赏析、内化完善的创新迁移能力。③习惯：培养反思总结、归类整理及将所思所想转化为文字的习惯。

具体作业设计：

作业一：撰写申请报告

亲爱的同学们，在本次"珠海的文化遗产"综合性学习中，我们团结协作甄选出了极富特色的文化遗产，为更好地保护这些文化遗产，我们一起来为其完成一个"保护文化遗产"申请报告，希望我们的努力能成功。

示例：

市级非物质文化遗产代表作申报书

申报项目类别：民间传统习俗文化

申报项目名称：珠海唐家茶果

申报区（县）：高新区

一、基本信息

属地		项目名称	
申报者		负责人	
通信地址		邮编	
电话		电子邮箱	
所在区域 及其地理环境			

二、项目说明

分布区域	
历史渊源	
基本内容	
基本特征	
主要价值	

作业二：作文

宝贵的文化遗产见证和讲述着曾经的历史往事，凝聚着先人的智慧与情怀，更蕴藏着丰盈而厚重的民族精神，为祖国发展提供了源源动力。但由于文化遗产的不可复制、不可替代性，对其保护刻不容缓。

李云鹤静守于莫高窟，劳作不歇，潜心修复；王津钟情于故宫，心怀热爱，专注修复……这些守护者用他们的青春、热爱、专业，悉心守护着这些宝贵的文化遗产。

而你又有怎样的思考呢？

请以"我与文化遗产"为话题，自拟题目，写一篇作文，谈谈你对文化遗产保护的认识和思考。

作业设计流程小结如下：

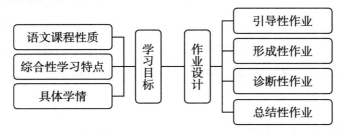

冯骥才曾说过："我们民族的精神不是空的，它实实在在、有血有肉地保存在我们的文化遗产里，并靠着这雄厚的遗产世世代代传承着。"

林清玄也说过："人应该站在传统上，内心才会深刻。"

在时间的长河里，这些文化遗产历经变迁，却凝聚、沉淀着丰盈而厚重的情怀、精神。

一砖一瓦是历史，山水之间有故事。我们要贴近孩子的心灵，引领孩子去感受、去挖掘生活的密码，感受生活的魅力，激发学习的活力，征途漫道，慢慢耕耘。

感谢大家的聆听！

下篇　研究的推广与反思

113

"品"传记故事，"阅"《史记》人物

——以《周亚夫军细柳》为例探究单元目标指引下的作业设计

珠海市第九中学　张晓平

时间：2021年12月15日。

地点：广东实验中学金湾学校附属初中录播室（2号楼一单元6楼）。

活动主题：珠海市初中语文"明珠课堂"教学研讨暨广东省初中语文学科教研基地（珠海）学教评一体化研讨活动。

王荣生老师说："文言文，是中国传统文化的载体，'文言''文章''文学''文化'一体四面，相辅相成。"这是文言文的价值，我们文言文教学的终极目的就是实现中华优秀传统文化价值的传承。下面我将以《周亚夫军细柳》为例，探究单元目标指引下的作业设计，从评价角度来夯实文言文课堂教学的基础，引领学生"品"传记故事，"阅"《史记》人物。

一、明确目标导向，形成一体化设计思路

王月芬博士在《重构作业——课程视域下的单元作业》中强调：教学目标要和日常的作业目标，以及日常考试评价的目标一致。这一点非常重要，日常的课时作业应该在语文课程标准、教材开发利用的目标、单元教学实施的目标指引之下，按照学生成长发展的规律，科学合理地设计。

根据这一点，我首先将《周亚夫军细柳》的作业设计定位为展示单元目标指引下作业设计目标的导向。

项目	7～9年级 课程目标和内容	本单元作业设计目标
字词积累	1. 诵读古代诗词，阅读浅易文言文，能借助注释和工具书理解基本内容。 2. 随文学习基本的词汇、语法知识，用来帮助理解课文中的语言难点。 3. 背诵优秀诗文。	1. 通过诵读记忆，积累文言常用词，培养文言语感。 2. 通过整理，积累文言一词多义、词类活用等知识。 3. 进一步熟悉阅读古诗文的方法，学会借助注释和工具书，疏通文义，自主阅读。 4. 掌握正确诵读文言文的方法，通过反复诵读品味，提高阅读古诗文的能力。 5. 积累常见的文言词语和名言警句。
思维提升	1. 在阅读中了解叙述、描写、说明、议论、抒情等表达方式。 2. 能区分写实作品与虚构作品，了解诗歌、散文、小说、戏剧等文学样式。 3. 欣赏文学作品，有自己的情感体验，初步领悟作品的内涵，从中获得对自然、社会、人生的有益启示。 4. 了解常用的修辞方法，体会它们在课文中的表达效果。 5. 了解课文涉及的重要作家作品知识和文化常识。	6. 理解寓言寓意，并对寓意做个性化的思考和探究。 7. 学会阅读不同体裁（已学过游记小品、骈文辞赋、书信、传奇小说、寓言、政论辩说，本文是传记类）的古代诗文名篇，感受不同文体的表现方式。 8. 通过熟读背诵，把握政论辩说文的观点与论述思路，从中受到教育和启发。 9. 通过反复诵读，揣摩体会说理文比喻、类比手法和对举、排比句式的运用，增强说服力。
能力拓展	1. 对作品中感人的情境和形象，能说出自己的体验；品味作品中富于表现力的语言。 2. 注重积累、感悟和运用，提高自己的欣赏品位。	10. 学习通过正侧面描写、对比、衬托等刻画人物的手法，并有意识地运用到写作中。 11. 了解古代文化常识，了解古代相关的礼仪。 12. 通过诵读，体会文言文简练有力的特点。 13. 从不同角度感受古人的智慧和胸襟，提升自己的精神品格。

本单元作业设计目标中"1，2，3，4，5"五点基本上是每一篇文言文都应该要加强巩固的。本课另外可以巩固或者实现的目标还有"7，10，11，12，13"。我们的作业设计落实到预习、课中和课后，目标之间可能会相互交叉融合，但是无论如何交叉融合，文言文学习的字词积累、思维提升和能力拓展三个方面都是要反复加强的。这是文言文学习无论是课堂课外都要遵从的原则，这既遵循了课程标准，也达到了王荣生老师说的文言、文章、文学、文化一体四面的要求。

二、突出设计原则，达成作业设计效度

作业设计的原则如下：

一是专业性。要根据课程的设置、教材的编写意图，在单元总的教学目标指导下，根据某一课时学习的目标，制定预习、课中和课后的作业。实现课堂教学目标、作业目标及考试评价目标的一致性。

二是科学性。要遵从学生最近发展区，根据具体的学情，布置有针对性的、能切实提高学生语文能力的作业。

三是趣味性。布置作业要突出作业的差异性和增加作业的类型，如有书面和非书面作业，有口头表达和实践性的作业，有朗读的、动手做的、画图表的各种作业，有长周期的、跨学科的作业，等等。

根据单元学习目标导向和以上作业设计原则，我们设计出《周亚夫军细柳》的课时作业。

名称	作业目标	作业内容	作业难度	作业类型	作业时长（分钟）	必做或选做
预习作业	了解背景知识	1. 背景阅读	低	阅读作业	3	必做
	掌握正确的文言文诵读方法，培养语感	2. 诵读文章	中	口头作业	8～12	必做
	整体把握文意，初步感知人物	3. 下诏书	中	书面作业	4～6	必做
课中作业	新旧知识迁移，积累文言常用词，疏通文义，把握人物形象	1. 比较阅读	中	书面作业	8～10	必做
	全方位了解人物形象，多角度解读人物	2. 拓展阅读	中	书面作业	10～15	选做
课后作业	新旧知识迁移，积累文言常用词	1. 一词多义	中	书面作业	8～10	必做
	疏通全文，巩固所学，积累常用词语	2. 句子翻译	低	书面作业	6～8	必做
	从不同角度感受古人的智慧和胸襟，提升自己的精神品格	3. 群文阅读	高	书面作业	30～50	选做
	了解古代文化常识，了解古代相关的礼仪	4. 拓展知识	低	阅读作业	10	选做
	学习正侧面描写、对比、衬托等刻画人物的手法，并有意识地运用到写作中	5. 迁移写作	高	书面作业	40	分层选做

在以上图表中，我们把作业设计具体落实到课前（预习）、课中和课后，明确了基础性作业和拓展性作业的具体内容，并根据具体学情提出必做和选做的要求。

三、明晰阶段设计意图，精准实现评价效果

（一）课前作业

设计目标：

1. 了解文学常识。（司马迁及《史记》的有关知识）

2. 借助课文注释和工具书疏通文义，提高阅读浅显文言文的能力。

3. 学习如何正确诵读文言文，初步感知人物形象。

作业内容及一体化设计意图：第一，阅读材料，了解作者和时代背景。知人论世，为整体把握文言文做铺垫。第二，诵读文章，一读准，二读顺，三读通。分层设计诵读要求，以"读"解文。第三，整体把握文意，初步感知人物。这里以"下诏书"这一集中凝练的形式巩固训练概括能力。

（二）课中作业

设计目标：

1. 通过诵读，掌握文言断句的节奏，积累常用词语。

2. 梳理文意，理解《史记》刻画人物的方法，理解正侧面描写和对比、衬托的作用。

3. 多角度品析人物形象，领略历史文苑里"真将军"的本色。

作业内容及一体化设计意图：第一，比较阅读。练习平时常见题型，评价断句节奏，注重字词积累、句子翻译，以及内容和人物。第二，拓展阅读。阅读《史记·绛侯周勃世家》中"周亚夫阻止太后和景帝封王信为侯""阻止景帝封降臣未果便'谢病'""景帝赐食为难亚夫"三个片段，结合课文，结合司马迁对周亚夫的评价，简要分析：周亚夫性格如此，是一以贯之还是因人而异？为何文、景二帝对其态度不一？

两个课中作业，可以选择其一在课堂完成，加深学生对课文内容及人物形象的把握。这样的设计，一方面，引导学生主动阅读课外文言选段，实现文言知识的迁移；另一方面，学生运用人物形象探究的方法，从"今信虽皇后兄，无功，侯之，非约也"中短句的语气，从"谢病"的举动和"心不平"心理，读出了周亚夫自满而不知道变通，坚守臣节却不谦虚的性格，这

就实现了阅读方法的迁移。而随后又一问回扣文本内容：周亚夫性格若此，是一以贯之还是因人而异？为何文、景二帝对其态度不一？学生在比较中发现：军细柳中的周亚夫其实也是不懂得顺适天子之意的，只不过时代不同，皇帝个性也不一样，所以结局不一样。其性格在特定时代可能是优点，但是，换了时空和人物，其性格就会成为致命的缺点。叶圣陶先生说"教材无非是个例子"就是这个道理，我们可以利用一个文本辐射一类文本的阅读。

（三）课后作业

设计目标：

1. 分类整理，巩固课堂学习内容，积累文言常用词语。

2. 了解古代文化常识，了解古代相关的礼仪。

3. 体会文言文简练有力的特点，从不同角度感受古人的智慧和胸襟，提升自己的精神品格。

4. 学习正侧面描写、对比、衬托等刻画人物的手法，并有意识地运用到写作中。

作业内容及一体化设计意图："词语积累"和"句子翻译"是巩固课堂学习的基础性作业，"群文阅读""拓展阅读""迁移写作"是提升学生语文素养的拓展性作业。

我们看"群文阅读"的作业设计内容"阅读《史记》中忠臣良相的群像"：对比阅读周勃、周亚夫父子面对诬告的反应和案件审理的最终结果，说说"真将军"周亚夫悲剧结局是怎么造成的？谁该为此负责任？这种"1+X"的拓展阅读建立在学生的能力基础和学习情态之上，学生在概括、提炼中锻炼了言语运用能力，在比较、分析中形成了群文阅读的思维能力，在感知、体悟中完成了人物形象的认知，在交流、探究中养成了合作的意识。本作业从不同层面提升了学生的语文素养，实现了阅读能力的共生和积淀。

"迁移写作"主要体现为分层作业，我们分了三个层次，层层递进，在每一层次又根据学情设置不同的能力层级。具体如下：

（1）改写全文。

序号	写作支架	评分	自评	同学评	教师评
1	把《周亚夫军细柳》改写成白话故事，讲给小学生听，注意读者对象的特点	30			
2	用第一人称，以周亚夫的角度来讲述这个故事	30			
3	增加"上"的神态描写和"我"的心理描写	40			

（2）写人物评价。

序号	写作支架	评分	自评	同学评	教师评
1	从廉颇、蔺相如、屈原、项羽、张良、韩信、李广等人中选择一位	30			
2	借助工具书阅读相关的本纪、世家或列传，了解其生平事迹，领略人物风采	30			
3	用议论和抒情两种表达方式对其进行评价	40			

（3）选一位自己身边熟悉的人，为他写一篇小传，不少于500字。

让学生向《史记·项羽本纪》等传记文本学习，引导学生通过传记文学的迁移性阅读整体提升学习传记类文本的能力。首先，指导学生确定写作对象——所选传记人物对象是自己身边最为熟悉的亲朋好友；其次，指导学生细致、全面地收集人物传记写作对象的资料，以便在写作中完整、充分地刻画真实人物形象，呈现人物性格；最后，指导学生筛选人物传记的写作内容，有重点地选择、有代表性地剪裁、有层次地安排材料，以此展现人物风貌。

《周亚夫军细柳》作为初中教材中唯一一篇出自《史记》的选文，是一个初中生了解司马迁和《史记》的重要窗口。这也是该课以上作业设计所期望达成的目标。

"定量作业"的设计与实践

——以《小石潭记》为例

珠海市第九中学　郭晓东

时间：2022年4月27日。

地点：线上（录播视频观看）。

活动主题：珠海市初中语文中华优秀传统文化主题教学研讨暨广东省初中语文学科教研基地（珠海）学教评一体化研讨活动。

各位老师，大家好！今天跟大家分享的题目是：《小石潭记》定量作业的设计与实践。我计划跟大家分享三个部分：一是我的课题——定量作业。二是我的作业是怎么设计出来的。三是我的作业实践。

一、定量作业

首先，我们来看一下我的课题。什么是定量作业？我想从三个方面来解释，先来讲讲它的核心概念，也是我课题的研究目标——定量作业。

什么是定量作业？

定量作业就是老师给出主题或设定学习范围，明确作业训练目标，学生在目标的指引下自主训练的一种常规作业。所谓定量，有三个方面的意义，一是它的内容定量，也就是作业的文面只有一个主题。文件字数不超过1000字，问题设计在两个以内。第二个就是时间定量，学生完成作业任务的时间不超过20分钟，字数在450到500字。第三个就是学生完成作业，老师对作业进行反馈的时候，不提倡超额作业，严格控制作业的量，学生按时按量完成作业。那么由此我们把定量作业按照这个学习过程可以分为课前定量作业、课中定量作业和课后定量作业。

我的课题名称是"基于语文课程标准的定量作业实践研究"，也就是在语文课程标准的理念的引导下，在教学中实施作业的定量化。通过目标明确、主题明确、作业方法具体、作业量可控、作业评价的有效性、常规性的作业训练，以提高学生的语文学习素养。我们就是要达到这个目标。

学生的语文学习素养有哪些方面？有四个方面，这个也是我们新的课程标准里面体现出来的。

第一，是语言建构和运用。通过丰富的语言实践来主动积累、梳理、整合、掌握语言文字的运用规律，在语言情境中正确有效地运用祖国语言文字进行交流沟通。

第二，是思维发展和提升。这个是我们语文教学中非常重要的方面，也就是通过语言的运用能获得直觉思维、形象思维、逻辑思维，特别是逻辑思维。辩证思维和创造思维的发展促进其深刻性、敏捷性、灵活性、批判性和独创性。我们的语文教学就是要促进思维品质的提升。

第三，也就是审美鉴赏与创造。我们通过审美体验、评价等活动，使学生形成正确的审美意识和健康向上的审美情趣与审美品位，也就是我们培养的学生，他不单单要有专业的素养，也是一个有文化修养的人，这个也是非常重要的部分。

最后一个目标，就是文化传承和积累，这也是现在我们整个教研基地在做的一个事情，就是继承和弘扬我们中华传统文化、革命文化、社会主义先进文化。理解和鉴赏不同民族和地区的文化，拓展文化的视野，增强文化自觉，提升中国特色社会主义文化的自信，我觉得这一点现在特别的重要，在现在的一个国际大形势下，我们特别需要去弘扬我们中国特色社会主义文化。

二、作业设计的过程

接下来我就来谈一谈我这次作业是怎么设计出来的。

我们来看八年级下册第三单元的说明。本单元的主题是自然、美景和奇绝。本单元的目标一共有四个：读懂文言文，反复诵读文言文，领会内涵，包括品味语言，包括积累文言常用词语。

单元主题：自然、美景和奇绝。

单元目标：

1.先借助注释和工具书读懂课文大意。

2. 通过反复诵读，领会诗文丰富内涵。

3. 品味精美语言。

4. 积累常用文言词语。

如果把单元目标分解到每一篇的教学当中去，我们可以这样分解。首先，《桃花源记》这一篇，我们可以注重的是笔法简洁、内涵丰富的一面，也就是通过反复诵读，领会诗文内涵，还有积累文言词语。而分解到《小石潭记》这一篇，我们可以结合文章内容特点进行分析。我们可以品味文章精美的语言，还有它的景物描写中蕴含的丰富情感。这是我们这个单元训练中最重要的一个目标，另外与《桃花源记》是一样的，也要积累常用的文言词语。

先借助注释和工具书读懂课文大意。

《桃花源记》笔法简洁，内涵丰富。

——通过反复诵读，领会诗文丰富内涵。

——积累常用文言词语。

《小石潭记》景物描写中蕴含情感。

——品味精美语言。

——积累常用文言词语。

《核舟记》语言简洁、严密、生动。

——训练《桃花源记》与《小石潭记》中学到的内容。

《诗经》二首"重章叠句"和"比兴"手法。

——通过反复诵读，领会诗文丰富内涵。

——积累常用文言词语。

接下来我们从《小石潭记》的两个学习目标为出发点设计作业。

还有一个问题，作业设计的时候，是不是所有的目标都要设计成作业？并不是这样的。例如，本课有3个目标：一是借助工具书和书下注解，疏通文意，写出词语的意思；二是通过关键词语来体会并说出景物的特征；三是能分析体会作者游览小石潭的感情变化。那么我们在设计作业的时候，是否将每一个目标都设计成作业，这是值得思考的问题。在"双减"政策的大环境下，我们还有日常教学的需要，包括学生学习兴趣的激发，我们需要从多个角度去思考、分析。有的内容在课堂上就解决了，有的作业必须要进一步巩固。

我们在作业设计上应该遵守的一个原则就是定量，就是我们不能把所有的东西都留成作业，都给学生，让他自己去做。我们可以把它们分解到每一节课，就是说，在每一节课，都要有一个核心任务，我们要把课堂上该做的和课后要做的区分开。课堂上能完成的，我们不留到课后，而通过学生自学的部分，我们把它设计成作业，让学生有重点地去完成学习目标。

三、作业的实施

定量作业是怎样实施的？

（一）预习作业

首先，我给《小石潭记》这篇课文设计了一项预习作业。因为学生从七年级到八年级已经学过了很多文言文，特别是写山水的文言文。那么在学习这一篇时，我们可以做一个梳理。我将这个作业目标定为"复习旧知"，作业目标的文面是：能写出所学的古诗文中描写水的句子并分析其妙处。我以"水"为一个专题让学生对这个知识进行一个梳理和总结。

作业的内容是：我们学过很多篇描写山水的古文，其中描写水的句子，你能写出5句以上吗？你能否对这些句子做适当的点评，说一说"水之美"？

作业设计如下：

【作业方向】

阅读。

【课标要求】

品味经典作品中的重要词句和富于表现力的语言。

【作业目标】

复习旧知，能写出所学古诗文中描写水的句子的妙处。

【作业内容】

我们学过很多篇描写山水的古文，其中描写水的句子，你能写出5句以上吗？你能否对这些句子做适当点评，说说"水之美"？

【作业实施】

1. 搜集学过的描写山水的古诗文。

2. 摘录5句以上描写"水"的句子。

3. 从内容、写法、情感3个角度对句子进行点评。

4. 可以提取"水之美"的共同特点或与"山之美"进行对比，总结"水之美"。

【作业评价】

1. 摘录5句以上给B级。

2. 每句话写出恰当点评，给A级。

3. 能概括出水之美，给A+级。

【作业实践反思】

在学生不了解作业目标，不知道如何完成作业，没有任何指引时，其中一个实验班只有2个A+级，5个A级，绝大多数都是B级、C级。当学生目标明确，方法清晰时，实验班有9个A+级，16个A级，7个B级。我最惊喜的就是16个得A级的同学大多数作业都没有这么好过。当然，依然有个别同学审题不清，不清楚要求。

我任教的两个班，一个班是实验班，一个班是普通班，我对学生做了这样一个实验：我给实验班的同学做作业前做了具体的指导，点明作业完成的路径和方法，也就是告诉学生怎么去做。我给他们列出了具体的步骤，告诉他们应该怎样做作业。

以这次作业为例，大家要先翻课本，搜集学过的描写山水的古诗文；再摘录5句以上描写水的句子；然后开始对这些句子进行点评。

怎么点评呢？首先，这些句子写了什么。其次，这些句子是怎么写的？最后，作者为什么这么写？抒发了什么样的情感？我们可以从这些角度对句子进行点评。还有，我们可以提取"水之美"的共同特点与"山之美"进行对比总结，提炼"水之美"。这个是更高的要求。

我们明确作业的评价，也要让学生清楚。例如，一摘取5句以上就给B级，每句话能写出恰当的点评就给A级，如果做到第四点，能总结出"水之美"，就给A+级。

接下来，我们来看一下学生完成作业的情况，也就是实践的结果。非实验班的学生不了解作业目标，不知道如何完成作业，没有任何指引的时候，只有2个A+级。有5个A级，绝大多数都是B级和C级。实验班的学生目标明确，方法清晰，有9个A+级，16个A级，7个B级。我当时觉得比较惊喜的就是那16个得A级的同学，他们以前大多数作业是没有那么好的。当然，依然有个别同学审题不清，即便是教师进行指导，他们还是没有明白作业怎么做，这当然是个别的现象。

我们来看一下出现问题的作业。这是得B级的同学。那他出现了什么样的问题？

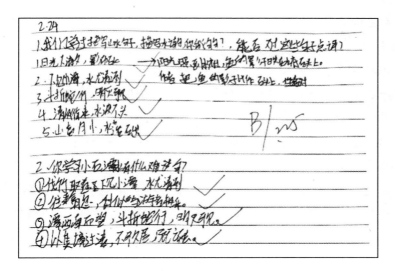

你看题被他抄下来了，但是他抄的句子都是《小石潭记》里的句子。还有那句"山高月小，水落石出"，可能是他懒得去翻书，就把后面的《核舟记》的句子也抄过来了。他做得很好的一点就是他把难句子——哪些翻译不出来的句子，列出来了。点评只做了一点点，把这个"日光下澈，影布石上"自己稍微写了几句话解释。

我们能看出这个学生的问题是什么？就是通过这个预习，我们了解了该学生现在学习的部分情况。其一，审题不够认真。我们要求他将学过的描写水的句子梳理出来，而他把新课里面的句子写出来了。其二，描写水的诗句没有做到完全点评。他只点评了一句，可能他不会写点评。确实，我们需要再讲怎么去点评，这是我们需要重点学习的知识。其三，很惊喜的就是他的优点，需要表扬的是他能列出自己不会翻译的句子。

当然，这个预习作业也有做得相当好的，得A+级的同学不仅仅能梳理出来我们学过的，而且能列出自己的疑难点，这是非常棒的。所以我们在布置预习作业的时候，更重要的是通过这个作业去思考，学生需要听什么，我上课要讲什么。学生要学有所得，学他不会的、不了解的、不知道怎么做的知识。

（二）课后作业

课后作业就是对《小石潭记》中的关键句子进行点评，我的作业目标是：反复推敲评析《小石潭记》中描写水的句子的妙处。

下篇　研究的推广与反思

作业设计如下：

【作业方向】

阅读。

【课标要求】

品味经典作品中的重要词句和富于表现力的语言。

【作业目标】

可以反复推敲评析《小石潭记》中描写水的句子的妙处。

【作业内容】

抄写《小石潭记》第二段，给"空、澈、布、怡然、俶尔、翕忽"加点。

能不能将"空、澈、布"依次替换成"闲、照、映"，为什么？你有没有更合适的表达？

请品析"怡然、俶尔、翕忽"的妙处。

【作业实施】

1. 抄写原文，参考书下注释反复品读作者用字的意图。

2. 替换新字看看原句句意发生了怎样的改变。

3. 思考能不能进行这样的替换。

4. 对于"怡然、俶尔、翕忽"你可以通过字形和读音来思考，提示：

𢁫，描述一个人张着嘴，停止下来。

这一次，我给两个班都做了指导，告诉他们怎么做：先抄写，通过书下注释反复品读。然后，替换新字，看一看原句句意发生了怎样的变化。接着思考：我能不能进行这样的替换？还有，对"怡然、俶尔、翕忽"作指导，指导学生可以通过字形和读音来品析。我给他们一个补充资料，就是"怡然不动"的"怡"描绘的是什么。也就是这个字的左边是一个人，这个人怎么样，下面有口张着嘴，上面实际上是一个"已"字，已经的"已"表示停止。这个字整体上描绘的就是一个人张开嘴，这个时候停止了，停下来了，那这是一个什么样的情景？什么样的形态？我们让学生去分析。

同时，作业评价的标准我也给出来了。

【作业评价】

1. 能结合原文说出自己的理由，完成第一问，给B级。

2. 在此基础上完成第二问，给A级。

126

3. 如果在赏析中加入自己合理恰当的理解，给A+级。

这次作业实验班有13个人得A+级，9人得A级，8个人得B级，有7人选择"免做权"（作业得A+级就有一次免做权这是我对他们的一个奖励）。这个结果，还是非常惊喜的。全班有22人得到A级及以上。所以我们通过这样的作业指导，让学生有一个明确的目标：知道为什么要写这个作业，怎样去做作业？通过这样去做，我能得到什么样的奖励？这样，他写作业的动力就有了，方法也明确了，做的时候质量就会高。

我们来看一下这个作业案例的展示。这个是完成得比较好的一个同学的作业。

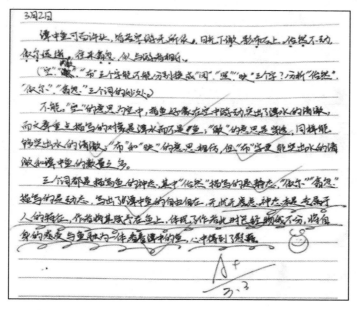

这个案例中有些句子写得还是很好的，课文这段话我们是很熟悉的：

潭中鱼可百许头，皆若空游无所依，日光下澈，影布石上，怡然不动。俶尔远逝，往来翕忽，似与游者相乐。

这位同学在写的时候，对"空"的分析写得很好。他说不能换"空"，因为这就显得鱼好像在空中游动，突出了潭水的清澈。文章重点描写的对象就是潭水而不是鱼。那么这个"澈"就是穿透，同样突出水的清澈。

这个学生对"怡然、俶尔、翕忽"的分析很精彩，他说"俶尔远逝，往来翕忽"描写的是动态，写出了潭中鱼的自由自在、无忧无虑的神态，这本是专属于人的特征。作者将其赋在鱼的身上，体现出作者此时已经物我不分，他说人和鱼已经不分彼此，将自己的感受和鱼融为一体。"看着潭中的鱼，心中得

127

到了慰藉"，这句话写得相当好，理解很深刻，表述很生动。

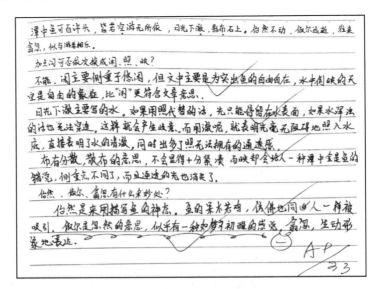

上图是另一个同学写的，同样的问题，他的答案中有一句写得也非常好，还是对这个"空"的理解。有人说这个"空"能不能换成"闲"，他说"闲"就是悠闲。文中的"空"是为了突出鱼的自由自在。"水中倒映的天空是自由的象征"，我觉得这个句子写得非常精彩！有他自己的感受。我觉得这个同学，就很有自己的体会。他说"怡然不动"是写出"鱼呆若木鸡的样子，仿佛也同人一样被吸引住，似乎有一种如梦初醒的感觉"。我觉得他的词语用得非常恰当，而且有自己独特的体会。

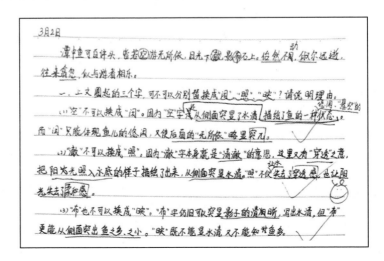

上图这个同学的作业写得也是非常好的，这也是非常棒的一个作业。我们看这个同学对"澈"的分析。"日光下澈"的"澈"，他说不可以换成"照"，因为"澈"本身就是清澈的意思，这里有穿透之意，把阳光照入水底的样子描绘出来了，从而侧面突出了水清。"照"，不仅让水失去了穿透感，也让阳光失去了柔和感，我觉得这个感受，特别好，特别宝贵。

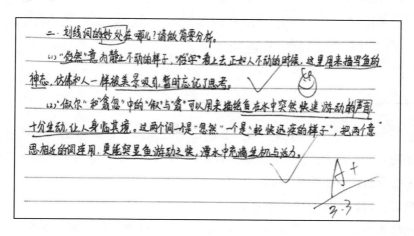

上图对"怡然不动，俶尔远逝，往来翕忽"的分析，他说这是在写鱼在水中突然快速游动的声音，十分生动，让人身临其境。这是从声音的角度去体会。所以我觉得学生通过这样的一个训练，可以获得审美能力的培养，我们通过不断的训练，可以提升他们观察自然、观察社会的能力。我们人的心理活动、我们的感受，这个过程他把它具体化，还要把它写出来，这是非常有意义的。

当然我们的作业也有一些负面的例子，在这里我也给大家分享一下，但是这其中也有写得很好的方面。

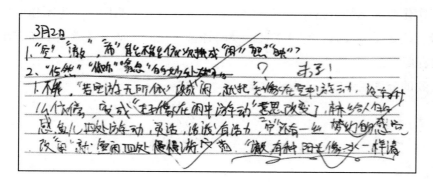

上例中，这名学生写到"澈"表现出阳光像水一样清澈透明，明亮的感觉，忽隐忽现。他把这个水的质感体会到了。我觉得学生其实就是在这样的训练中提升自己的感悟能力和欣赏能力的。

最后，再跟大家分享几个观点：

把作业当作一个"微课程"，目标、内容、过程、评价不可或缺。

——（美）泰勒《课程与教学的基本原理》

一、产生兴趣；二、变得认真；三、全力投入；四、开拓创新。

——（美）安德斯·埃里克森《刻意练习：如何从新手到大师》

最后，我们来总结一下：第一，课程标准是我们的目标和方向。作业目标是学生了解作业价值、坚定作业信心的要素。第二，定量作业是树立"定量"意识（文面定量、时间定量、任务定量），集中力量攻破一个小任务。做一次作业，有一点收获。有计划有目标，"走一步，再走一步"，使大的问题迎刃而解。第三，学生作业主题明确，指导方法明晰，评价目标明确。让每次作业训练都有路径、有方向，让自学有意义。第四，学生写作业任务适量，教师反馈及时，有针对性。及时评价、及时反馈，是学生不断进步的重要保障。

我的分享就到这儿，谢谢大家。

第七章　研究的反思

单元作业设计

基于学习任务群的单元整体
定量作业设计研究

珠海市第九中学　吴燕文

随着"双减"政策、义务教育新课程标准等相关教育政策、纲领性文件的颁布与实施，以"立德树人"为核心任务，落实核心素养培养的教育改革方向，顺应当前世界教育改革发展趋势，着力解决基础教育改革以来凸现的种种问题，成为培养社会主义合格建设者和接班人的根本要求。

崔允漷教授指出聚焦核心素养是面向未来的教育，与之相配合的是课程的综合。语文学习任务群应国家人才培养战略而生，并从制度层面得到确定。语文学习任务群作为课堂教学的组织形式，其强调个体怎样学会学习，是学生在积极的语言实践活动中积累与构建起来，在语文学习中获得的语言知识与语言能力，思维方法与思维品质，情感、态度与价值观的综合体现，这对我们的课堂教学来说是巨大的挑战。

如何科学合理地设计学习任务群并高效实施是我们重点研究的课题。部编语文教材围绕学科素养和人文素养双主题，遵循学生认知规律进阶式地设计，实现了教材的整合。依托统编教材，以学生为本，以任务为导向，以学习项目为载体，整合学习情境、学习内容、学习方法和学习资源，设计学习任务群，可以说在某种程度上降低了挑战的难度。

而在设计的过程，我们不可忽略的是作业的问题。作业作为课堂教学的重要组成部分与延伸，是学生课堂知识掌握、技能技巧形成、学习兴趣培养、学习习惯养成、综合能力发展等的重要途径。长期以来，强烈的社会内卷、对作业与课堂的理解的偏差等问题，导致机械、单一、重复、繁多等作业问题并引发了教师与学生的强烈内耗，最终使课堂教学收效甚微，严重影响学生的身心健康。

王月芬老师指出："做作业的过程，本质上是学生从有教师指导的课堂教学，过渡到没有教师指导的自主学习的过程，是学生依靠自身的能力去理解、内化和掌握学习内容的过程，是培养学生独立学习能力的过程。"从课堂学习到自主学习，对教师来说，不仅仅是知识的传授巩固，更重要的学生学习思维的训练、学习能力的培养，让学生能学有所用、学以致用，并得到情感品格的培养。简言之，课堂教学与作业是一体化的，落实核心素养培养，二者的目标具有一致性。所以，教师应该在课堂教学与作业之间搭建合理的学习支架，促使二者的学习活动更好地融为一体，因此，作业的设计可以基于学习任务群进行单元课堂教学与作业的整体设计，这样更系统化。那么，在此基础上，作业设计还需要考虑哪些要素？王老师也强调要从学生的角度来思考作业目标、内容、难度、类型、时间、差异性及批改等问题。这实际上指向了作业设计中的主体及适度问题，吻合了国家教育政策中的"减负提质"精神。教师应该在如何精简作业量、提高作业的实效性上下功夫。

"定量作业"的概念最早是由魏书生提出的，后来不少教师在定量的基础上结合合作学习、分层教育，进行了分层、自主等实践探索。实践证明，这样的作业形式对激发学生的兴趣，提高作业的实效性，培养学生的自主学习能力有良好的效果。

笔者也尝试基于学习任务群的单元课堂教学与在作业的整体设计中融入"定量"的因素，希望能使学生真正实现减负的同时落实素养的培养。以九年级上册第一单元诗歌为例。

学习总目标	1. 掌握诗歌鉴赏必备知识，并形成诗歌学习与创作的知识系统。 2. 培养审美创造、总结反思、交流合作、大胆展示等能力及良好的习惯。 3. 促进对优秀文化的深入学习和思考，激发对生活的热爱之情。			
学习总任务	青春之歌，诗意盎然。			
学习具体目标	探究现代诗歌创作需要具备的要素，明确诗歌创作需要具备的诗歌知识储备。	探讨通过诗歌朗诵传达情感的注意事项，明确朗诵的相关知识。	探究诗歌创作的方法，确定诗歌创作的重点及注意事项。	推动诗歌阅读鉴赏认识的完善，促进阅读策略的运用，实现综合能力的发展。
课时安排	3课时	2课时	3课时	课后展开课堂展示2课时
	学习鉴赏	诗歌朗诵	尝试创作	整本书阅读
子任务	1. 以《沁园春·雪》为例，确定感情基调、意象与意境、语言表达特点，学习鉴赏。 2. 学以致用，群诗阅读鉴赏。	1. 以《我爱这土地》为例，确定语气、语调、语速、重音、停连，体会朗诵如何传达情感。 2. 学以致用，班级朗诵比赛。	1. 以《乡愁》为例，进行诗歌创作构思、结构、意象与意境、语言表达等技巧点拨。 2. 小试牛刀，诗歌创作。	阅读《艾青诗选》，通过积累、梳理、整合、创作，感受发现经典魅力并创新解读经典。
学习评价	准确地把握具体诗歌的情感基调，理解意象的特点与意境的营造、语言表达风格。	准确地处理诗歌朗诵的语气、语调、语速、重音、停连等，恰当地传达情感。	恰当地运用诗歌创作知识进行创作。结构清晰完整，语言富有个性。	养成持之以恒的阅读习惯，能积极地发表自己的观点，并大胆地进行个性化解读。
定量作业设计	结合课堂所学诗歌鉴赏知识，自选一首你最喜欢的诗，完整连贯地写一段鉴赏文字（可从情感、意象与意境、语言表达等角度进行阐述）。	结合课堂朗诵知识及实践的经验，自选一首你最喜欢的诗，进行朗诵准备与练习（注意朗诵的相关注意事项及朗诵的形式）。	结合课堂诗歌创作的知识，寻找青春成长路上温暖感人的事件、场景、细节，为创作做准备（注意典型的细节、举动、载体、环境等）。	1. 每天阅读3首诗歌，圈画并适当批注赏析。 2. 选择自己喜欢的诗歌，用自己的方式进行诗歌再解读（如手抄报、视频、随笔、创作等）。

下篇　研究的推广与反思

133

课时安排	3课时	2课时	3课时	课后展开 课堂展示2课时
作业评价	A层：能迁移运用，鉴赏深刻，富有个性，表达流畅。 B层：能迁移运用，鉴赏中规中矩，表达顺畅。 C层：基本能迁移运用，但生硬，表达欠缺。	A层：朗诵声情并茂，富有感染力。 B层：朗诵能把握关键的重音、停连等，能传达情感。 C层：能顺畅地读诗，但情感欠缺。	A层：准备素材典型，诗歌创作结构完整清晰，运用意象恰当，语言个性化，能很好地传情达意。 B层：素材有代表性，诗歌创作结构完整，运用意象，能传达情感。 C层：素材不够妥当，诗歌创作能有别于其他文体写作。	A层：具备优秀的阅读、圈画、批注、赏析习惯。准确率高，能创新性、个性化地解读与创造。 B层：具备良好的圈画批注的习惯。能结合所学进行适当、准确的解读。 C层：有坚持圈画批注的习惯。理解表达比较欠缺。
学习小结	班刊："青春之歌，诗意盎然"学习成果汇编。			

　　领会新课标精神，研究学生学情特点，通过基于学习任务群的单元整体定量作业设计研究，在具体实践过程中，笔者很欣喜地发现，这样更有利于教师在教学上有宏观的把握，使各环节的设计更具一致性、连贯性、整体性、科学性，从而使教育教学、学生的培养更具系统性，更"精"、更"实"，激发了学生的学习兴趣，调动了学生学习的主动性，落实了学生语文核心素养的培养，也改变了教育的烦琐与冗长、盲目与无序，从而实现了"减负提质"的效果。

　　面对飞速发展的时代，面对弥漫着焦虑的社会，培养能适应、促进、推动社会发展的人才，是国家教育改革的核心所在，是教师的重要研究课题，我们应该坚守教育最本真的培养人的事，好好思考，努力实践，切实实践教育的"减负提质"，让我们的学生会学、好学、乐学，让我们的教育真正充满生机与活力。

参考文献

［1］中华人民共和国教育部.义务教育语文课程标准（2022年版）［M］.
北京：北京师范大学出版社，2022.

［2］蔡可.语文学习任务群的整体框架及相互关系［J］.语文建设，2018
（25）：9-12.

［3］王月芬.重构作业——课程视域下的单元作业［M］.北京：教育科学
出版社，2021.

［4］李吉波.杨升美.王凤茂.定量·分层·合作——课外作业的一种新尝
试［J］.小学语文教学，1999（9）：35-36.

课堂教学与作业设计

初中语文课堂教学与作业一体化设计研究

珠海市第九中学　吴燕文

"双减"政策的实施，是为了减轻学生的作业负担、压减学科类校外培训机构，这对广大的学生及家长来说，是令人高兴的消息。而带给所有教师的，是对教育的反思，我们应重新审视我们的教育现状，重新定位我们的教育教学。

减轻作业负担，不是"一刀切"地简单降低作业难度及数量，而是依据新课改的"以人为本"的理念，以全面发展学生的核心素养为要求进行的有增有减、科学合理的减负。

压减学科类校外培训机构，是对校外乱象丛生的培训市场的重拳整治，以消除教育内卷，让教育回归本质，让教学回归学校，回归课堂。

这无疑对所有的教师提出了更高的要求：追求更高效的课堂教学及最精练的作业，实现"减负提质"，落实学生核心素养的培养，促进学生的全面发展。

下篇　研究的推广与反思

一直以来，我们的语文课堂教学存在着"教师中心论"、备考教学功利化、教学模式及方法陈旧等问题，沉闷、机械、无趣。虽然很多有革新意识的教师也在积极探索，但毕竟经验是零散的，形成相对完备的体系长路漫漫。而在对作业的认识上，相当部分的教师的认识主要局限于巩固训练，促进学习目标的达成，客观上缩减作业的功能，从而产生了盲目、简单、重复、过量等作业问题，学生疲于应付，最终收效甚微，甚至打击了学生学习的积极性，不利于学生学习能力、核心素养的培养，不利于学生的全面发展。

新课程标准中指出：语文课程是实践性课程，应着重培养学生的语文实践能力，而培养这种能力的主要途径也应是语文实践，应该让学生多读多写，日积月累，在大量的语文实践中锻炼能力，把握运用语文的规律。作业是学生积累并学会运用的主要途径，是课堂教学的延伸，也是核心素养提升的重要途径，所以实质上，语文课堂教学与作业是一体的。二者是否有机融合，将直接影响"双减"政策下"减负提质"是否能实现。而一切的发生，直接作用的是学生。基于此，必须以学生为主体来进行语文课堂教学与作业一体化设计，设计的终极目标是一致的，即落实学生语文核心素养培养，落实"立德树人"目标，实现学生全面发展。那么，语文课堂教学与作业一体化设计要注意哪些要素呢？

一、目标的一致性

王本华教授在阐述统编教材编写重要理念中指出：统编教材采用"双线组元"，即"人文主题"与"语文要素"双线组织单元的结构，强化语文学习的综合性和实践性。选择与生活密切相关的人物主题，将语文素养的各种基本因素，分解成知识点、能力点，依据学段特点，遵循认知规律，分布于各单元中，这样，同时兼顾语文课程的育人功能及学习方法、学习策略的掌握，从而实现语文能力、语文素养的培养。因此，在具体语文课堂教学与作业一体化的设计上，我们以"双线组元"为本，确定单元学习目标与作业目标，根据学习目标决定作业目标，进而再具体确定课时学习目标与作业目标。以七年级上册第五单元为例。

（一）双线组元→单元学习目标→单元作业目标

双线组元		单元学习目标	单元作业目标
人文主题	"生命之趣"	1. 继续学习默读，边读边画出重点语句，学会做摘录。 2. 在把握段落大意、厘清思路的基础上，学会概括文章的中心思想。 3. 关爱动物，善待生命，学会与动物和谐相处。	1.摘抄精彩的句子，并批注自己的理解。 2. 领会理解关键词句的含义，学会概括文章中心思想。批判赏析句子的思想内容和语言表达。 3. 培养发散创新，举一反三，运用汉语言文学规律丰富积累、拓展运用的能力。 4.培养书写工整，条理清晰的习惯。

（二）课文学习目标→课时学习目标→课时作业目标

篇目	课文学习目标		课时学习目标	课时作业目标
16《猫》	1. 了解作者及家人三次养猫经历中的情感波澜，厘清文章的结构。 2. 概括并比较三只猫的不同特点及命运，揣摩生动的细节描写。 3. 体会作者对第三只猫之死的悔恨之情，思考其中蕴含的人生哲理。	课时1	1. 继续练习默读技巧，把握文章主要内容。 2. 学习本文描写手法，着重揣摩对三只猫的不同描写。	1. 能抓住要点，准确概括主要内容。 2. 能掌握描写手法并尝试运用，进行创作。
		课时2	理解文章主旨，体会作者的思想感情。	能联系实际生活理解主旨，并表达自己的看法。
17《动物笑谈》	1. 默读课文，了解课文大意。 2. 欣赏精彩语段，学习文中准确严谨而又传神生动的笔法，体会行文活泼幽默的特点。 3. 体会作者对动物、自然的挚爱，对生命的尊重，严谨求实的科学态度和为科学献身的精神。	课时1	继续练习默读技巧，把握文章主要内容。	能抓住要点准确概括主要内容。
		课时2	1. 分析文中描绘的场景，概括内容，学习如何概括和赏析。 2. 品味文章语言，领悟语言中所传达出来的作者的科学精神与情怀。	1. 能赏析场景描写并尝试运用，进行创作。 2. 能品析语言，并准确连贯地表达。
18《狼》	1. 掌握一些常见文言词语和句式，活学活用。 2. 理解课文内容，背诵全文。	课时1	反复朗读，并结合课下注释掌握重点文言词句。	1. 能掌握重要词类现象并进行拓展迁移。
		课时2	厘清思路，把握文章内容。抓故事之"奇"与作者议论，理解文章主旨。	2. 能抓住要点进行概括，结合主旨联系实际发表看法。

通过上面的示例，可以看到在教学目标与作业目标一体化的设计中，课堂教学与作业形成紧密的整体，具有一致性和完整性，教师教学与学生学习的指向性更明确，重难点突出，使学生能比较系统地学习语文知识，并通过作业逐渐转化为语文的能力，客观上更好地推动教学活动的开展，促进学生整体素质的协调发展。

二、内容的精练性

在教育学与心理学的范畴，学生注意力是重要的研究领域。有关的研究表明，学生在课堂上注意力集中的时间大概是10～20分钟。这主要是对持续性注意的研究，即研究学生能注意力集中地学习并坚持下去。实际上，选择性注意同样也是研究的重点，选择性注意即选择相关的或有益的注意，根据学生的身心发展特点，这种选择性注意在课堂上表现得尤为明显，即学生对感兴趣的、想学的，会选择去关注、去学习研究。课堂教学最理想的状态是将学生的持续性注意与选择性注意有机融合，而精心剪裁、详略得当、重点突出的课堂教学能促使学生的注意力持续并合理分配。

而关于作业，哈里斯·库珀的研究指出，适量的作业将促进学生能力的提高，但过量的作业则会使学生产生消极懈怠的心理，损害学生良好的学习动机。长期以来的作业问题造成了学生沉重的负担，极大地打击了学生学习的积极性。因此，保持学生对作业持续性的积极态度，通过作业激发学生的学习热情、动力，培养学生能力习惯，落实核心素养培养，同样需要在作业的精练上下功夫。所以"双减"政策下，课堂教学与作业设计的精练是"减负提质"的实施根本。那么，在课堂教学与作业一体化设计上，如何具体进行设计？以七年级上册《猫》的课堂教学与作业一体化设计为例。

课文学习目标	课时学习目标		课时话题
1. 了解作者及家人三次养猫经历中的情感波澜，厘清文章的结构。 2. 概括并比较三只猫的不同特点及命运，揣摩生动的细节描写。	课时1	1. 继续练习默读技巧，把握文章主要内容。 2. 学习本文描写手法，着重揣摩对三只猫的不同描写。	爱猫的家庭最终"永不养猫"，到底发生了什么？ 猫的生命之美与命运之悲。

课文学习目标	课时学习目标		课时话题
3. 体会作者对第三只猫之死的悔恨之情,思考其中蕴含的人生哲理。	课时2	理解文章主旨,体会作者的思想感情。	为什么"我"家永不养猫?
作业目标	课时作业目标		课时具体作业
1. 能抓住要点准确概括主要内容。 2. 能掌握描写手法并模仿运用。 3. 培养分析、总结、反思、发现疑难的能力。 4. 培养规范书写的习惯。	课时1	1. 能抓住要点准确概括主要内容。 2. 能掌握描写手法并模仿运用。	预习作业: (1)借助书下注释或查字典,整理本单元的生字词,并批注疑难字词的"解释"。选取5个词连词成段。 (2)反复朗读文章,看课后思考题,试着口头解答,并将疑难问题整理出来,也可以尝试自己提问。(3个问题) 课后作业: (1)摘录你认为的精彩的语段并批注你的理解,并选取一段进行仿写。(150~300字) (2)概括课文的主要内容和写作特点,并整理到笔记中。
1. 能联系实际生活理解主旨并表达自己的看法。 2. 培养独立思考并表达自己的见解,及发散创新能力。 3. 习惯养成:从课文拓展到生活,学以致用。	课时2	能联系实际生活理解主旨并表达自己的看法。	1. 文章聚焦第三只猫的悲剧,请结合文本,梳理第三只猫所遭受的悲剧,剖析悲剧造成的原因以及你从中获得的启示,用完整连贯的一段话写下你的独到见解。(200~300字) 2. 学完本课,你收获了什么?(简要列点)

通过课堂教学与作业一体化的设计,对教师的教与学生的学均可以从宏观的角度更清晰地把握学习的全过程,精练课堂教学与作业,更加突出重点,着重学生学习能力及素养的培养。其中,精练课堂教学依据学生学习特点决定,进行设计时,教学内容宜少而精,可以采用"话题教学"的方式,以一个讨论的话题牵动课堂学习,实现"一课一得"。而作业的设计上,与课堂教学"一课一得"理念一致,实现课堂知识学习或能力点训练的对应性

下篇 研究的推广与反思

训练，这是课堂学习的巩固提升、拓展延伸，使学生的学习走向深度，着重学习能力及素养的培养。对作业量的控制则借鉴了魏书生的"定量作业"的理念，即有作业量的保证，以此实现"减量提质"的效果。

三、评价的一致性

《义务教育语文课程标准（2022年版）》指出，"课程评价应准确反映学生的语文学习水平和学习状况"，评价应该"抓住关键，突出重点，加强语文课程评价的整体性和综合性。注重评价主体的多元与互动，以及多种评价方式的综合运用，充分利用现代信息技术促进评价方式变革。"因此在课堂教学与作业一体化的设计中，以学生习惯、能力、素养的培养为主线，一致的评价也必须贯穿始终。仍以《猫》这课的评价为例。

	教师	评价	学生	评价
课堂教学	（1）课堂的教学组织是否以学生为主体？		（1）本节课教师重点引导大家开展什么学习？	
	（2）课堂重难点是否清晰准确地呈现并取得突破？		（2）在课堂上有什么收获和进步？	
	（3）课堂教学设计是否以话题设计实现精练教学？		（3）课堂上，是否主动思考，提出问题？	
	（4）课堂是否关注学生的生成？		（4）课堂上，是否积极与教师、同学交流？	
	（5）有待改进的是什么？		（5）有待改进的是什么？	
作业	（1）作业设计是否体现学生的能力、素养的培养？		（1）是否能独立完成作业？养成积累、独立思考等好习惯？	
	（2）作业是否体现课堂教学重点内容、能力训练点并实现拓展运用？		（2）是否与课堂上所学内容一致，并与实际生活相结合？	
	（3）作业的量及时间是否体现"双减"精神？		（3）作业的量是否适中？完成时间大概多久？	
	（4）作业设计中存在的问题及思考。		（4）给教师的作业建议。	

师生对课堂教学与作业评价的一致，有利于促进学生学习，改善教师教学，这也是评价的根本目的。以评促教，以评促学，教、学、评三者有机结

合，始终围绕"以生为本"的核心理念整体协调发展。

关于语文课堂教学与作业的探讨，历来众说纷纭，各执己见，但是在"双减"政策的背景下，作为教育工作者的我们更应该从学生的角度去审视教育现状，去发现教育的问题，去重新定位我们的教育教学，去寻找更为有效的教育教学之道，真正让我们的学生学有所成，学以致用，全面发展，持续发展，任重道远，笃实探索。

参考文献

［1］卢冠. "减负提质"下初二散文教学课外作业设计的个案研究［D］.
　　北京：中央民族大学，2021.

［2］中华人民共和国教育部.义务教育语文课程标准（2022年版）［M］.
　　北京：北京师范大学出版社，2022.

科学布置作业的反思

打开学生思维，科学布置阅读作业

珠海市第九中学　黄珠好

常听到有教师对学生说"做好每一次作业，你才能在考试中取得理想的分数。因为每一次作业都是一场小型考试""语文阅读能力不是单靠做题来提升的，要多读书而不是多做题"。作为一名语文教师，在我的日常教学中，阅读是一个难以突破的重难点。阅读教学在语文教学中的重要性自不待言，可谓语文学习的半壁江山，但是，如何提高学生的阅读理解能力与如何训练学生的阅读理解能力，似乎是一个悖论——教师只能教学生阅读的答题技巧，但是学生有阅读的基础，阅读技巧才是有用的。传统的语文教学中，常常是通过布置大量的阅读理解练习来进行阅读教学。通过做一篇篇阅读理解的套题（常常是挑选各地中考真题中的阅读理解题）来实现阅读理解能力的提升，的确效果微弱。不少学生做完大量的阅读理解题后，只是把教师传授的阅读理解的考点、思路、方法记下来，却没有办法灵活运用，阅读能力依然薄弱。大多数时候，语文教师也只是在传授学生答题思路与方法的知识，最终学生阅读理解能力的培养与提升还是取决于学生自身的阅读积累。因此，单靠一本本"阅读理解专项训练"类的练习册是难以有效培养及提升学生的阅读理解能力的。如果把狭义的"练习、作业"置换成一种新型的形式多样的"作业"——我们姑且用"作业"来称呼它，那么，阅读能力的培养与提升到底能不能通过科学的阅读作业来达成呢？带着这个思路，我尝试布置不同类型的阅读作业，将与阅读水平相关的能力训练点融入"阅读作业"，以期通过设计有梯度、形式多样的作业内容来达到阅读教学的最终目标——培养学生的阅读理解能力。

其实，教师布置阅读作业的现状是不尽如人意的——依赖现成的商业性的练习册，充斥着重复性、机械性、缺乏针对性、缺乏思维训练价值的无效作业成为学生一项艰苦的劳作、沉重的负担，部分学生"望业生畏"，出现"作业恐惧症"。教师拿起现成的作业让学生去做的居多，作业存在的问题有些甚至是学生在作业过程中发现的，作业的质量难以监控。因此，教师亲自动手设计作业变得很必要。阅读作业设计不仅是为了解决当下现有阅读作业质量不佳的问题，更是指向一种长效的阅读教学的必然之举。

首先，我们要明确，阅读能力是一项综合能力。阅读能力包括认读能力、理解能力、鉴赏能力、评价能力、活用能力、阅读技巧（阅读速度、阅读理解、归纳分析、作答等能力）等。其次，阅读能力的提高可通过科学高效的阅读作业来达成。科学地布置阅读作业要围绕作业目标设定、作业内容设计、作业过程与评价等环节进行，环环相扣，以"科学"二字贯穿其中，最终指向学生阅读能力的培养与提升。

我尝试着从字词句段篇入手，围绕识记、理解、掌握与运用等具体的训练目标展开，以听说读写的形式来落实。这需要打破以往形式单一、训练点烦琐无序的作业模式，科学地设计三效合一的阅读作业：作业目标讲求实效，切合课程标准的要求，既立足于学科素养又关注应试能力；作业内容设计讲求有效，即一个作业设计能对应某一种或多种阅读能力的训练，从一道典型作业指向一类，着重培养学生的知识迁移能力；作业的过程与评价讲究高效，根据作业内容设计中的作业指引（作业提示），给学生搭建"支架"，以"答题的要点、思路"等方式循循善诱，让学生明晰答题的规范，同时明确评价的标准，使学生在答题后能自主评价自己的作业等级。

除了以上的原则，"科学"还体现在对学段的充分考量上。很多时候，初一、初二、初三的阅读理解作业在难度上没有很清晰的区分，很大程度上是受中考指挥棒的影响，这使得学生从初一开始就做中考类型的阅读理解练习。受题型的影响，题目难度系数被忽视，甚至出现期末学业质量检测中，初一的语文卷子里的阅读理解题比初三还难的情况。针对这种情况，教师根据不同学段的学情自主创编科学的阅读理解作业就显得更为必要。基于此，我尝试以课本课后思考探究和积累拓展为依据来设计课本的阅读作业，以课内辐射课外，形成以课内阅读作业为主，适当向课外迁移，锻炼学生的灵活迁移能力的作业。具体到每一篇课内文章，关注单元教学体系，关注课文的文本特质，有分类教学的意识。首先，回归文本，以读懂文本为起点，设计课内阅读作业。其次，将考试中常见的考点融入文本阅读，以批注的形式进行渗透，设计多样化的阅读作业。具体如下：

其一，以读写为例，我根据语文课本的课后思考探究设计关于朗读的作业。

例如，改编初三下学期的《陈涉世家》课后练习题三，将朗读与人物形象分析相结合来设计阅读作业。以文中两句对话——"佣者笑而应曰：'若为佣耕，何富贵也？'"以及"陈胜、吴广乃谋曰：'今亡亦死，举大计亦死；等死，死国可乎？'"为分析对象，引导学生，注意读出不同的语音与语调，并思考为什么要这么读。品析作者是如何通过不同的对话设计来刻画人物、凸显人物的形象特征，使人物活起来的。这两个句子皆为疑问句，但语气表达方式同中有异，指导学生联系文章内容进行品析。前一句末尾的"也"相当于"啊"，表达的语气肯定意味强些，"何……也"重读，表现了"佣耕者"对陈胜的话根本不相信，表现了佣耕者安于天命、缺乏远见的特点，与"燕雀安知鸿鹄之志"的陈胜形成鲜明对比；后一句末尾的"乎"表达的语气委婉一些，含有征询的意味。此时陈胜、吴广在谋划起义之事，事关重大，是彼此商量征询的语气。"可……乎"的重读中要突出语气语调的和缓与拉长，征询中带有激励，表现了陈胜善于调动众人情绪，一语中的，具有卓越的组织领导力的人物形象。由此可见，精当的对话描写能生动地刻画出人物性格，使人物形象鲜明。又如，《邹忌讽齐王纳谏》关于邹忌对妻、妾、客的三问三答，对三个句子进行朗读品析，品读作者是如何通过不同的对话设计来刻画人物，使对话内容贴合说话者的不同身份与心理的。根据上下文思考三者与邹忌的亲疏关系以及回答内容的同中之异——为何邹忌从三者的回答中判断出妻、妾、客对自己的三种情感态度：吾妻之美我者，私我也；妾之美我者，畏我也；客之美我者，欲有求于我也。由此确定表达情感的关键处，如句式的不同等。

此作业是堂上布置，师生共同探讨了第一个句子，学生课后完成其余句子的分析。通过这次作业布置，我发现作业指引非常重要，它能让学生清楚地知道思考问题的路径，加深学生对题目作答要求的理解，使作业的完成更高效。大部分学生能基本按照作业指引来整理思路，有序作答，同时加入自己的思考。同时，从类似的题型引导学生归纳出规律，发现学生学习能力很强，相信，适量的持之以恒的类型化训练能指引学生一题一得，及时有效地归纳方法，从而提升思考探究与迁移应用的能力。

其二，以读写为例，通过批注的形式来设计阅读作业。

此次作业设计的尝试起步较晚，刚好学校安排我负责初三下学期的教学，学生是新接手的。在复习阶段进行阅读专题教学时，我根据学生特点与学情，以批注的形式来布置阅读作业，以此贯穿整个阅读专题复习。整个专题复习一共布置了13篇现代文阅读作业，就地取材，从年级统一的《每周一练》试题中提取一篇现代文阅读题作为作业设计的原始素材。根据答题情况分析出阅读教学的重难点，考后反馈课上，师生共同细读文本，根据每一篇的文本特征等来布置批注的要点。最后形成卷面上的批注作业以及试题题目的修订作业两种作业形式。因为是初三的学生，又是学习能力比较强的学生，这样的阅读教学作业呈现出任务量较大、重难点突出、反馈及时的特点，对学生来说是一次清晰有效的阅读知识与技巧的梳理归纳。同时，每次师生共读文本是具有示范性与迁移性的——从教师主讲学生补充到学生主讲教师补充；每一次的批注作业都注意兼顾探索新问题与强化老问题两个方面。而且，文本细读并不只是为了答题，更关注对学生的引导，鼓励学生深入文本，个性化地解读。批注方式与内容要求规范化——有基本的批注符号与格式，有教师设定的批注内容，此外，还要有自己的发现与补充，可从难点、疑点等方面入手进行创见性的解读批注。学生的批注作业从三两句一直进阶到形成一段段的文字、关键词、各种批注符号等。这些都体现了学生对文本的解读程度，这样的作业实践已经远远超越了答题本身。每一次批注作业都成了一次愉悦的深度阅读体验。

其三，以读写为例，设计以点带面的专项作业。分析课本的课后思考探究等教学资源，跨单元整合，提炼出一个阅读教学的小专题，设计单元作业。例如，初一课本的第一单元是以自然景致之美为主题的写景文章，第二单元是以亲情人情之美为主题的写人记事文章，我设计了一份探究题目作用的单元作业。受《秋天的怀念》这篇文章的课后思考探究题启发，我带领学生分析了这篇文章的题目的妙处，通过设计不同的问题来深入理解题目的作用。例如：题目能不能换？可以换成其他什么题目？不同题目之间作比较，分析不同题目的不同效果。我从《秋天的怀念》顺势拓展到分析《春》《济南的冬天》《雨的四季》《散步》《金色花》《荷叶母亲》等文章的题目的作用。在同中有异、异中有同的多维对比分析中，学生对题目的含义与作用都有了更深刻的理解，能较好地收到举一反三的效果，有效培养了对比分析的能力与综合归纳的能力。题目的含义与作用是阅读理解题中的一个高频考点，我们更应以课本为起点进行阅读教学，将阅读理解能力的培养与考试考点技能的学习融合在一份阅读作业里，以课内促进课外感悟，使课内外融为一体，使课内资源成为阅读训练的有效素材。

以上三例，只是我践行"打开学生思维，科学布置阅读作业"理念，进行自主设计阅读作业的一些初步尝试。前路尚长，探索不止，期待在一场攀山涉水的阅读作业设计之旅中遇见一段段阅读教学的旖旎风光。

参考文献

雷玲.名师作业设计新思维：语文卷［M］.上海：华东师范大学出版社，2017.

阅读作业与核心素养

基于语文核心素养，科学设计阅读作业

珠海市第九中学　黄晓潢

随着义务教育全面普及，教育需求从"有学上"转向"上好学"，并明确了"培养什么人、怎样培养人、为谁培养人"这个基本问题。素质教育理念下，语文教师要在语言建构与运用、思维发展与提升、审美鉴赏与创造等语文核心素养方面采取针对性措施，在教学中注重培养学生的综合能力。

在日常教学过程中，作业是重要的一环，作业涉及"听、说、读、写"等能力，而语文是一门综合性强的学科，坚持素养导向，体现育人为本，基于核心素养的发展与提升。《义务教育语文课程标准（2022年版）》的指导思想，语文作业可分为三大主题，分别是：识字与写字、阅读、写作。阅读又可以细分为文学类文本阅读、实用类文本阅读、古代文学作品的识记与阅读、现代文随文词语积累与语法学习。本文重点谈谈语文学科如何科学设计布置阅读作业，以提高学生鉴赏能力，提升学生语文核心素养。

一、阅读作业设计的现状与问题

首先在教学过程中，由于任务重、课时紧、大班教育学生数量多，在教学过程中，教师面向全班布置阅读作业一般都是布置相同的内容，使学习能力较强的学生得不到更好的训练，学习能力较弱的同学不堪重负。这样的作业布置方式可能导致学习能力较强的同学忽视语文作业，学习能力较弱的同学对语文作业应付抄袭。

其次，在布置语文阅读作业时，教师多是布置整套的教辅材料中的作业，这样操作缺乏针对性。整套的教辅材料看似"面面俱到"，实则让学生抓不住重点，容易导致学生疲劳甚至产生厌学情绪。

最后，语文阅读作业的布置没有拓展，大部分是机械性重复，"就语文练语文"，忽视人文素质培养，缺少文化知识积累。

知识、技能、情感是语文阅读作业的三个训练层次，但大部分教师所布置的语文阅读作业多是对知识层级的训练，在技能和情感方面涉及的相对较少，学生的思维能力得不到更好的训练，情感认知得不到更好的提升。

二、现阶段阅读作业的优势

在省市区校各级教师发展培训中心的重视和培训下，一线教师对新课程标准的内容、语文核心素养的内涵和构成都进行了深入学习，并有意识地在日常教学工作中贯彻落实，教师所布置的语文阅读作业基本都符合新课标要求，阅读作业的布置能训练到新课标要求的能力点，也就是阅读作业的实际要求与阅读作业目标的一致性较高。

三、如何科学地设计布置语文阅读作业

（一）利用教材，落实课后习题

统编教材中，精读课文都设置了蕴含本单元、本课文教学重难点的课后练习题，教师在备课过程中基于语文核心素养的发展和提升，借鉴编辑者的编书意图，对课后练习题深入钻研和揣摩，能更好地落实教学重难点，通过课后题落实课堂教学，打开学生思维。以九年级下册《山水画的意境》课后阅读作业题为例，作业设计如下：

【作业方向】

阅读。

【课标要求】

欣赏文学作品，有自己的情感体验，初步领悟作品的内涵，从中获得对自然、社会、人生的有益启示。对作品中感人的情境和形象，能说出自己的体验；体现作品中富于表现力的语言。

【作业目标】

对作品中感人的情境和形象，能说出自己的体验；体现作品中富于表现力的语言。学以致用，运用意境的相关理论进行古诗词赏析实践。

【作业内容】

运用课文中有关意境的叙述，选择一首自己喜欢的古诗词进行赏析。

【作业实施】

1. 认真听课，积极思考。

2. 注意从景与情的结合上来分析。

【作业评价】

1. 能结合诗歌的写作背景，将景和情结合起来，能运用意境的相关理论知识进行古诗词赏析，评为A+级。

2. 能结合诗歌的写作背景，将景和情结合起来，不能运用意境的相关理论知识进行古诗词赏析，评为B+级。

3. 仅能将景和情结合起来，未能结合诗歌的写作背景，不能运用意境的相关理论知识进行古诗词赏析，评为C+级。

4. 只能写出景物，评为D级。

【作业展示】

学生作业展示1：

学生作业展示2：

> 天净沙·秋思
> 枯藤老树昏鸦，
> 小桥流水人家，
> 古道西风瘦马，
> 夕阳西下，断肠人在天涯。

赏析：马致远这首羁旅思乡的小令，以几种横景物来描写秋天的景像，通过丰富的意象，勾勒出一脉清冷凄恻的深秋夕照图，渲染了凄冷忧愁的气氛，让读者切身感受到游子思乡之情。诗人运用白描手法，寥寥几句便描画出秋景的寂寥，以诗提升画的意境，以画增添诗的韵致，相得益彰。此情此景，表达与抒发了异乡游子的羁旅之苦和思乡之情。凄清悲凉的意境为我使读者仿佛也坠入其中。

学生作业展示3：

学生作业展示4：

【作业实践反思】

学情：大部分学生能对诗词中的富有意境的句子进行赏析，但"结合写作背景"的能力还比较弱，主要是学生对作者的写作背景没有深入了解，这启示我们应引导学生查阅相关的课外书籍，更深入地了解作者的创作背景。

以上是书面形式的阅读作业，但若是阅读作业只有单一的书面形式，很难培养学生的语文综合素养。除了书面形式，还可以用阅读作业设计中存在的"涉及情感方面较少"的问题，通过适当设计口头、合作、实践等多种形式相结合的作业来补充，以此激发学生学习兴趣，提高学生情感认知。

以九年级下册《屈原（节选）》阅读作业题为例，作业设计如下：

【作业方向】

阅读。

【课标要求】

能用普通话正确、流利、有感情地朗读课文。考查对内容的理解、对人物性格的揣摩，从语音、语调和情感表达等方面进行综合考查。

【作业目标】

通过朗读，把握人物思想。

【作业内容】

分角色朗读课文，注意读出人物的心理和情感，体会人物形象，也可以尝试分小组进行表演，为完成本单元的任务二做准备。

【作业实施】

文中的人物主要有三个：靳尚、郑詹尹和屈原。

靳尚：高高在上、阴险、恶毒。

郑詹尹：阴险、胆怯、狡诈；他对靳尚毕恭毕敬，他的迟疑，不是因为心善，而是因为"怕出乱子"，也有些心疼东皇太一庙，而在靳尚威胁说"大义灭亲"时，他"最后下定决心"。

屈原：要读出那种物我同化、光明磊落、坚贞不屈的形象，以及喷涌而出的愤慨激情。

【作业评价】

1. 能根据三个人物的性格特征，读出相应的语气，声音洪亮，情感到位，感染力强，评为A+级。

2. 能根据三个人物的性格特征朗读，但略为拘谨，感染力略欠缺，评为B+级。

3. 能稍微读出人物不同的语气，但较拘谨，欠缺感染力，评为C+级。

4. 照本宣科，没能读出人物之间的区别，评为D级。

【作业实践反思】

1. 学情：对人物的形象和所要表达的思想感情的揣摩，学生都能较好掌握，私下练习时，学生们比较放得开，能读出相应的语气，但在全班面前，有部分同学放不开。

2. 作业布置中的困惑：相关的示范朗读，是在学生朗读前播放还是等学生展示后再播放。在展示前播放，可以让学生模仿，但是可能影响学生自己揣摩；在展示后播放，也许可以让学生将自己的朗读与别人的朗读进行对比学习，从而提升自己。

（二）整合单元教学，创编阅读作业

统编本教材单元整体教学以单元为单位，以教材为导向，在"大任务"驱动下围绕目标、内容、实施与评价组织各单元，因此在设置阅读作业时，不能忽略单元目标而将课与课孤立开。以九年级上册《我的叔叔于勒》阅读作业题为例，九年级上册第四单元的学习要求为：让学生学会梳理情节，从不同角度分析人物形象。根据语文核心素养中语言的建构和运用、思维的发展和提升的要求，由此新编阅读作业题：

阅读《我的叔叔于勒》后，相信你一定被曲折的情节深深吸引，请从以下各个角度梳理情节，把空格内容补充完整。

（1）情节（参照示例，运用动宾短语的形式来概括）	开端	发展	高潮	结局
	盼于勒	（　）于勒	（　）于勒	（　）于勒

（2）逻辑	原因	结果
	菲利普一家生活艰辛，对于勒（　）	发现真相、幻梦破灭、（　）

（3）心理	期待	破灭
	听到于勒发财的消息，一家人（　）	发现于勒已成为又老又穷的水手，（　）（　），明知对方身份却不相认

（4）技巧	悬念	揭开悬念
	在船上巧遇一个与于勒相貌相似的人，他是谁？	原来就是（　）的于勒，一家人希望破灭，失望而归

参考答案：

（1）赞　遇　躲

（2）充满期待　弃他而去

（3）期待他归来解困　又急又气　害怕背上包袱

（4）破产

统编教材九年级上册第四单元的单元学习目标中提到，学生要试着从不同角度分析人物形象。通过学习《我的叔叔于勒》，学生能梳理"于勒"的人物形象。笔者根据语文核心素养中语言的建构和运用、思维的发展和提升的要求，由此新编阅读作业题：

请你依据《我的叔叔于勒》小说的内容和你自己的理解，谈一谈于勒是一个什么样的人呢？

答：_____

_____

参考答案：

于勒是一个失败者又是一个受害者，既可怜又可悲。

在去美洲之前，于勒是一个行为不正、糟蹋钱、逼着父母动老本的"坏蛋""流氓""无赖"；在去美洲之后，中年发迹后的于勒，在第一封来信中提到希望能赔偿父亲的损失，可以看出于勒变得正直、有良心；在第二封来信中，于勒让家人不用担心，也对未来寄以期望，可以看出于勒是一个重亲情、有温情的人；年老后的于勒又成了一个穷人，在船上"我"看到他满是皱纹的水手的手，又老又穷苦的脸，可以看出于勒是一个肯吃苦的人；于勒宁愿在外漂泊也没有重新去投奔兄长，在船上自力更生，可以看出于勒是一个有良知、不愿意拖累家人、自食其力的人。

作业是课堂教学的延展和补充，语文阅读作业设计，应重视单元整体教学，有效地落实语文课程标准和语文核心素养，由易到难，尽量让学生有兴趣、有信心、有能力完成作业。以指向语文核心素养为目标，根据语文核心价值和学情分析来开发整合教学资源，设计阅读作业，用"教读"推动"自读"，科学设计布置语文阅读作业，以更好地实现语文课程学教评一体化，让学生能学以致用，既能夯实基础，又能打开思维，提高学习能力。

参考文献

［1］温儒敏. "部编本"语文教材的编写理念、特色与使用建议［J］. 课程·教材·教法，2016，36（11）：3-11.

［2］沈玲，宋秀娟. 初中语文分层作业设计策略对学生学习效果的影响探讨［J］. 中国校外教育，2018（13）：108，110.

［3］贾侦. 浅谈初中语文有效性作业布置的实践［J］. 教育艺术，2020（8）：67.

［4］李玉翠. 初中语文分层布置作业的有效尝试［J］. 新课程，2021（50）：180.

［5］鲍文蔚. 谈"双减"背景下如何优化初中语文作业设计［J］. 中华活页文选（教师版），2022（6）：69-71.

下篇 研究的推广与反思

基础作业与语文素养

让词语作业具有思维性和文化美

珠海市第九中学　吴玩芬

《义务教育语文课程标准（2022年版）》在"学段要求"中明确要求第四学段（七至九年级）学生要"有独立识字的能力，掌握多种检字方法"，书写上要熟练、规范，并能"对学过的字词句篇等语言材料分类整理"，以"提高语言文字运用能力，增强表达效果"。词语作为阅读、鉴赏、交流、写作的基本素材，其重要性不言而喻。然而，在初中语文教学中，词语教学常常被简化为朗读、释义，词语作业常常被简化为抄写，检测手段常常被单一化为听写。机械性的重复只能短暂地达到记忆词语的目的，并不能将其内化为学生自己的语言。学生读错字音、写错字形、用错词语的情况比比皆是，长此以往还有可能极大地打击学生完成词语作业的积极性。因此，对词语作业方式及时更新已势在必行。

新课标在"课程目标"中明确指出"义务教育语文课程培养的核心素养，是学生在积极的语文实践活动中积累、建构并在真实的语言运用情境中表现出来的，是文化自信和语言运用、思维能力、审美创造的综合体现。"作为课堂教学的继续和延伸，词语作业该如何设计才能更具有思维性和文化美呢？基于对新课标的理解和对过往经验的总结，笔者进行了初步的探索和实践。

一、寻根溯源，感悟文化之美

作为中华文化的载体之一，汉字是世界上较少的没有中断过的文字形式，我们可以透过每一个汉字穿梭时空，领略中华文化之美。在学习词语时，可将形近字词加以归纳后通过布置溯源性作业，让学生在探究书体的演变中把握词语的内涵。

以人教版语文教材九年级上册的词语为例，在书写"天骄"（《沁园春·雪》）、"娇揉造作"（《论教养》）两个词语时，学生经常会将"骄""矫""娇"三者混淆。那么，可布置溯源性作业如下，来帮助学生加以理解区分。

	作业要求	作业示例
字形溯源性作业	请你查阅《说文解字》、词典或其他资料，梳理"乔"的字源演变过程，并结合偏旁部首试着解释"骄""娇""矫"三个词的意思	【乔】 字源演变： 甲骨文　　金文　　小篆　　隶书 楷书　　草书　　行书　　简化字 释义：乔，高而曲也。也指树木高大的样子。 语义勾连—— 骄：从马，从乔，本义马高六尺，引申为马高大健壮，后由马的骄逸、不受控制转指傲慢。 娇：从女，从乔，女子身材修长美丽，义指妩媚可爱。 矫：从矢，从乔，表示将过长或弯曲箭杆纠正得平直、长短适度，引申指把弯曲的东西变直。

通过上述字形溯源性作业，学生既把握了词语内涵，又初步了解了中华文字的造字规律，感受了文字背后的文化底蕴，领略了不同书体的文化之美。

在中国文学发展的过程中，有一部分词语经过同一个作者或者不同作者在许多作品中不断重复，成了引出某种现成思路和特定情感的固定语汇，具备了约定俗成的象征意蕴。在学习词语时，可通过对该类词语进行"文化溯源"来加深理解并增加同类型词语的储备。以人教版语文九年级上册词语为

155

例，在学习积累"桑梓"（《范进中举》）一词时，可布置作业如下。

	作业要求	作业示例
文化溯源性作业	请你查阅词典或其他资料，完成下列题目。 【桑梓】 意思： _____ 出处/典故： _____ 另举5个具有约定俗成象征义的词语，并写明其象征义。 _____ _____	【桑梓】 意思：借指家乡、故乡。 出处：《诗·小雅·小弁》："维桑与梓，必恭敬止。"《朱熹集传》："桑、梓二木。古者五亩之宅，树之墙下，以遗子孙给蚕食、具器用者也……桑梓父母所植。"东汉以来一直以"桑梓"借指故乡或乡亲父老。 具有象征义的词语： ①牡丹：富贵美好。 ②禾黍：黍离之悲（国家的今盛昔衰）。 ③红豆：相思之情。 ④丝竹：音乐。 ⑤梧桐：凄凉、凄苦、悲伤。

语言文字既是文化的载体，又是文化的重要组成部分，学习语言文字的过程也是学生文化积淀与发展的过程。通过字形溯源和文化溯源两种形式的词语作业，学生既体会了语言文字的特点和运用规律，积累了语言素材，又感悟了中华文化之美。这样，词语在学生的头脑和心灵里成为一种积极的力量，成为学生头脑中带有深刻内涵的东西。

二、比较归纳，发展思维之力

思维能力是指学生在语文学习过程中的联想想象、分析比较、归纳判断等认知表现，主要包括直觉思维、形象思维、逻辑思维、辩证思维和创造思维。初中词语作业引导学生通过比较词语的感情色彩、词性、表达作用等，对词语进行辨析归纳，能促进学生思维素质的发展，使学生养成积极思考的习惯。

以人教版语文教材九年级上册第一、二、四单元词语为例。

第一单元课文：《沁园春·雪》《周总理，你在哪里》《我爱这土地》《你是人间的四月天》《我看》。

	名词	滔滔、风骚、天骄、谷穗、篝火、海防、黎明、冠冕、娉婷……
按词性分类	动词	折腰、宿营、汹涌、腐烂、呢喃、沉醉、勃发、漫游、流盼、摇曳……
	形容词	妖娆、风流、沉甸甸、嘶哑、轻灵、鲜妍、丰润……

第二单元课文：《敬业与乐业》《就英法联军远征中国致巴特勒上尉的信》《论教养》《精神的三间小屋》。

按感情色彩分类	褒义词	赞誉、富丽堂皇、丰功伟绩、彬彬有礼、随机应变、相得益彰……
	贬义词	亵渎、浪荡、妄想、断章取义、言不及义、劫掠、赃物、贸然、大发雷霆、随心所欲、一意孤行、自吹自擂、矫揉造作、附庸风雅……
	中性词	恍若、瞥见、剪影、汲取、积攒、游弋、濡养、间不容发……

第四单元课文：《故乡》《我的叔叔于勒》《孤独之旅》。

按描写内容分类	动作	端详、嬉闹……
	外貌	褴褛……
	神态	嗤笑、愕然、鄙夷、煞白、乖巧、温顺……

除了上述分类外，还可以按表达作用（写人、写景、记事）、词语搭配、近义词、反义词、形近词、同音词等将课后"读一读，写一写"中的词语加以甄别、归类。由此，帮助学生建立条理清晰、分门别类的个人词库，为进一步鉴赏、交流、写作储备丰富的语言素材，同时能提升学生的思维能力。

三、创设情境，提升运用之能

工具性与人文性的统一是语文课程的基本特点。积累的最终目的便是运用。那么，该如何通过词语作业来提升运用的能力呢？新课标在"课程性质"中已给我们提供了建议"在真实的语言运用情境中，通过积极的语言实践，积累语言经验，体会语言文字的特点和运用规律，培养语言文字运用能力"。基于此，我们可以将情境性词语作业设计为以下五种。

第一，随文识词。抄录课文原句，对词语在具体语境中的运用有一个初步的感知。

第二，判断对错。判断词语在特定语句中使用是否恰当、得体，进一步加深词语的运用。

第三，品味赏析。选择文章中精辟、优美、表达独特的词语加以赏析，理解其在语境中的作用。

第四，遣词造句。选择词语进行造句，进行潜层次的运用、创作尝试。

第五，串词成段。选择若干词语，连缀成一段完整的话。此项作业可根据学生学情、该单元学习主题提出具体的要求，如人教版语文教材九年级上册第二单元为议论性质文章的学习，那么可以让学生在课后"读一读，写一写"中选择若干个词语，围绕某一话题发表自己的看法；第四单元以小说为主，可以让学生选择若干个词语描写一个特定的场景；等等。

以上作业设计，由易到难，让学生在具体情境中感—悟—用，不断提高运用能力，实现了词语的语用价值。

四、定量分层，人人学有所得

由于学生知识能力、智力水平、学习习惯等均有不同，在布置词语作业时切忌统一化。教师应该为学生"量体裁衣"，定量分层——明确作业要求，控制作业量，分层设计，使每个学生都能学有所得。例如，学习《故乡》一文时，我设计的词语作业为：

请根据自己的学习情况从下列作业中任选一项完成：

1. 给"读一读，写一写"的词语注音，并摘抄原句。

2. 请解释"读一读，写一写"中的成语，并分别写出它们的两个近义词。

3. 请从"读一读，写一写"中任选5个词语，描写深秋时的所见所感。

作业设计有梯度变化，兼顾到不同层次的学生，同时将选择的权利交给学生，充分发挥学生学习的能动性。

总而言之，在初中语文词语作业中，教师可以通过溯源性作业、归纳性作业、情境性作业等作业形式，来调动学生完成词语作业的兴趣，提高学生作业质量，帮助学生发展思维能力，提升思维品质，积淀丰厚的文化底蕴，从而全面提升核心素养。

参考文献

[1] 中华人民共和国教育部. 义务教育语文课程标准（2022年版）[M]. 北京：北京师范大学出版社，2022.

[2] 曾桂花. 布置"语用"作业——促进词语内化 [J]. 新教师，2016（9）：28-30.

[3] 唐永花. 词语比较性作业设计的实践与思考 [J]. 教育实践与研究（小学版），2008（6）：37-38.